Karlen Vesper
Licht in dunkler Nacht

Licht in dunkler Nacht

Zwölf Gespräche mit anderen Deutschen

von Karlen Vesper

[handschriftliche Widmung:]

Mit lieben Gruß
in Verbundenheit

Karlen Vesper

PAHL-RUGENSTEIN

25.5. 2010 Berlin HdB

Pahl-Rugenstein Verlag Nf. GmbH
Breite Str. 47 53111 Bonn
Tel. 0228/632306 Fax 0228/634968
Email: info@pahl-rugenstein.de
www.pahl-rugenstein.de

ISBN 978-3-89144-427-6

Umschlagfoto: Robert Michel

Druck: SOWA

Inhalt

Vorwort

Dieses Buch ist eine wichtige Wortmeldung zum 8. Mai 2010, zum 65. Jahrestag des Sieges der Alliierten als Ende des zweiten Weltkrieges, der vom Hitlerfaschismus ausgelöst worden war. Für Millionen Menschen, nicht nur in Europa, war der schreckliche Zweite Weltkrieg beendet. Befreit wurde aber auch das ganze deutsche Volk von der selbstgewählten faschistischen Diktatur, befreit vom Arier-Rassismus und dem Wahn, durch Eroberungskriege die Weltherrschaft zu erlangen. Nur eine politische Minderheit des deutschen Volkes hatte sich dieser verbrecherischen Politik widersetzt. Deshalb empfanden sich viele Deutsche zunächst nur als Besiegte und nicht als Befreite.

In diesem Buch berichten zwölf Menschen von ihrem Überlebenskampf im KZ, auf dem Todesmarsch und wie sie als Deserteure den Tag ihrer Befreiung erlebten:

»Es war wie eine Wiedergeburt! Nach elf Jahren hinter Gittern und Stacheldraht endlich wieder frei durchatmen. Ich war frei! Befreit!« (Reinhold Lochmann). Es sind Gespräche mit einer Frau und elf Männern, die ihr Leben gegen die faschistische Barbarei aufs Spiel gesetzt haben. Sie kommen aus Arbeiterfamilien wie auch aus großbürgerlichen, aus kommunistischen und jüdischen Elternhäusern.

Karlen Vesper hat diese Überlebenden befragt über ihr Leben im Widerstand gegen den Faschismus. Diese Berichte sind für den Leser ein Kompendium der Alltagsgeschichte des deutschen Faschismus, wie Nazis gegen Kommunisten und Juden vorgingen und warum sie ins KZ gebracht wurden, über die mörderische Behandlung und ihr Überleben bis zur Befreiung. Kurt Goldstein und Fritz Teppich, heute letzter Überlebender der deutschen Spanienkämpfer, berichten über Kampf und Niederlage der Interbrigaden (1936) gegen den Franco-Faschismus.

Nach dem Sieg Francos wurde Goldstein in Frankreich interniert und 1942 an die deutsche Wehrmacht ausgeliefert, in das KZ Ausschwitz transportiert, 1945 auf den »Todesmarsch« von Auschwitz nach Buchenwald getrieben, wo er am 11. April die Befreiung erlebte.

Alle Befragten haben die junge Generation als Adressaten, denn sie befürchten, dass ihre Widerstandsgeschichten als Teil der deutschen Geschichte in Vergessenheit gebracht werden. Reinhold Lochmann protestiert zum Beispiel dagegen, dass die Selbstbefreiung der Häftlinge von Buchenwald heute geradezu geleugnet wird. Sie gestehen den Nachgeborenen zu, dass die Angst und das Massensterben in den KZs für die junge Generation nicht mehr verstehbar ist, aber sie hoffen durch ihre Augenzeugenberichte Geschichte nachlesbar zu machen.

Hanna Podymachina erzählt davon, wie sie als deutsches Mädchen im russischen Exil 1942 freiwillig in die Rote Armee eingetreten ist. Sie erlebte die Schlacht um Stalingrad und ist mit der Roten Armee in die Ukraine, Moldawien, Rumänien, Bulgarien, Jugoslawien, Ungarn und Österreich vorgedrungen. Es ist atemberaubend zu lesen, wie sie in vorderster Front vom Flugzeug aus deutsche Soldaten über den Wahnsinn des Krieges aufgeklärt hat und sie aufgeforderte zu desertieren. Sie hat als Deutsche Hitlerdeutschland mit befreit, aber musste in der befreiten Heimat erleben, als »Flintenweib« beschimpft zu werden.

Diese zwölf authentischen Berichte – zwölf für zwölf Jahre Nazidiktatur – sind deshalb ein unentbehrliches Kaleidoskop vom Alltagsleben aus verschiedenen Gruppen des Widerstandes, weil alle Befragten auch über ihr »wiedergeschenktes« Leben nach der Befreiung erzählen und wie sie sich, ohne Pause, für ein besseres neues Deutschland engagierten.

Allen zwölf Befragten ist der Schwur von Buchenwald ein verbindliches Gelöbnis: »Der Aufbau einer neuen Welt des Friedens und der Freiheit ist unser Ziel. Das sind wir unseren gemordeten Kameraden und ihren Angehörigen schuldig.«

Kurt Goldstein betonte unermüdlich: »Für mich war und ist der 8. Mai wie ein kollektiver Geburtstag des deutschen Volkes. Warum sehen die Leute das nicht ein?«

In der Bundesrepublik Deutschland dauerte es 40 Jahre bis Bundespräsident Richard von Weizäcker öffentlich den 8. Mai als Tag der Befreiung auch für alle Deutschen bezeichnete. Doch leider bedeutete das keine Wende in der offiziellen Geschichtsschreibung der BRD. Es ist gerade für die, die gegen den deutschen Faschismus aktiv gekämpft haben, nicht nachvollziehbar, dass heute die offizielle Geschichtsschreibung mit vielen Argumenten versucht, den unter größten Opfern erkämpften Sieg der Völker der Sowjetunion und der Résistance zu relativieren oder sogar um zu deuten. In allen zwölf Gesprächen wird die Sorge deutlich, dass durch zunehmende Denunzierung und Diffamierung des Antifaschismus auch der Widerstand der Arbeiterbewegung aus dem öffentlichen Bewusstsein verdrängt werden soll. Diese Sorge bewegte auch Kurt Hälker in seinen letzten Gespräche mit mir. Die Debatte um die Beteiligung der Wehrmacht an den SS-Verbrechen dürfe nicht verstummen. Eberhard Rebling appellierte bei der Verleihung des Ordens »Gerechter unter den Völkern« dafür, dass die Beschäftigung mit der Verantwortung der Deutschen für den Mord an den europäischen Juden im deutschen Geschichtsunterricht einen festen Platz bekommen muss. Und Werner Knapp macht ständig darauf aufmerksam, sich in der neuen Phase der geschichtspolitischen Auseinandersetzung energisch einzumischen, um eine Banalisierung und Verharmlosung der faschistischen Verbrechen einerseits und damit eine geschichtliche Umdeutung der faschistischen Vergangenheit zu verhindern.

Kurt Goldstein, hat in Zeitzeugengesprächen unermüdlich aufgefordert: »Fragt uns, wir sind die Letzten!« Er plädierte dafür, die gesellschaftlichen Ursache, die zum Aufstieg der NSDAP, zu Krieg und Völkermord geführt haben, immer wieder nachdrücklich in die Diskussion einzubringen. Denn »Die Profiteure dieser Nazi-Politik und ein großer Teil der Akteure sind inzwischen aus der öffentlichen Wahrnehmung nahezu verdrängt.«

Ich freue mich, dass durch dieses Buch unentbehrliche Stimmen engagierter Antifaschisten – gerade für die junge Generation – lebendig bleiben!

Prof. Dr. Heinrich Fink,
Vorsizender der Vereinigung der Verfolgten des Naziregimes - Bund der Antifaschistinnen und Antifaschisten (VVN-BdA)

»Endlich waren wir wieder frei!«

Wie Reinhold Lochmann und Walter Sack den Tag der Befreiung erlebten

»Es war wie eine Wiedergeburt. Nach elf Jahren hinter Gittern und Stacheldraht endlich wieder frei durchatmen. Ich war frei! Befreit!« Und dies aus eigener Kraft. Es empört Reinhold Lochmann, wenn die Selbstbefreiung Buchenwalds am 11. April 1945 geleugnet wird – von Nachgeborenen, die das Massensterben im KZ auf dem Ettersberg nicht miterlebt haben, auch die Angst nicht durchmachen mussten, kurz vor Schluss noch auf den Todesmarsch geschickt zu werden und kaum ahnen dürften, welcher Mut dazugehörte, sich gegen die SS-Wachmannschaften aufzulehnen. »Wir wussten natürlich, dass die Amerikaner nicht mehr weit waren. Und ein Großteil der SS war bereits abgezogen. Auf diesen Moment haben wir lange gewartet und uns vorbereitet«, sagt Reinhold Lochmann.

1943 begann in Buchenwald unter strengster Konspiration der Aufbau einer illegalen Militärorganisation mit geeigneten Kadern aus verschiedenen europäischen Ländern. »Wir wollten gewappnet sein für den Tag, an dem es möglich sein würde, sich zu wehren, sich nicht weiter abschlachten zu lassen.« Bei einem Bombenangriff auf das Lager im Sommer 1944 gelang es in der allgemeinen Verwirrung, aus dem Magazin der SS Waffen zu stehlen. Für den Tag X war ein Plan ausgearbeitet. Das illegale Lagerkomitee sollte das Kommando im KZ übernehmen: »Das Wichtigste ist, dass wir den Alliierten diszipliniert, als freie Menschen gegenüberstehen.«

Der 1914 in Dresden-Neustadt, einem Arbeiterviertel, als Sohn eines Töpfers Geborene ist früh politisch sensibilisiert. Vater Bruno Lochmann ist Funktionär der Kommunistischen Partei. Der Sohn wird Jungpionier. Mit zehn Jahren unternimmt er eine erste große Reise – in die Schweiz. Die Internationale Arbeiterhilfe (IAH) hat ein Ferienlager für Arbeiterkinder organisiert, von Januar bis April 1924. Am 21. Januar stirbt in Moskau Lenin. Reinhold Lochmann kann sich noch gut an die Gedenkstunde erinnern, die den Begründer Sowjetrusslands, würdigt. Auch seine Jugendweihe in Dresden bleibt ihm unvergessen. »Es ging sehr feierlich zu. Lieder und Gedichte umrahmten unsere Aufnahme in den Kreis der Erwachsenen.« Die von Freidenkern Mitte des 19. Jahrhunderts in Abgrenzung zur kirchlichen Konfirmation begründete Tradition war von der Arbeiterbewegung übernommen worden. Bevor Reinhold in einem Kino in der Elbmetropole seine »Weihe« erhält, hat er politische Bildungsveranstaltungen besucht. Dem Arbeiterjungen, dem eine höhere Bildung aus finanziellen Gründen verwehrt ist, weiß um den Wert von Wissen und eignet sich autodidaktisch Kenntnisse der Natur- und Geisteswissenschaften an, besucht auch Abende der Marxistischen Arbeiterschule. Er hört Vorträge von Hermann Duncker, Mitbegründer der MASCH, in Nationalökonomie und studiert »Die Entstehung der Arten«, das Hauptwerk des Begründers der Evolutionstheorie, Charles Darwin.

Sein vornehmliches Interesse aber gilt der Rundfunktechnik, die in den 20er Jahren enorme Fortschritte machte. Ihn fasziniert dieses neue Medium, das Töne und Texte über elektromagnetische Wellen in den Äther sendet. Ein Radiogerät können sich seine Eltern nicht leisten. Reinhold bastelt sich selbst einen Apparat, ein Zigarrenkasten dient ihm als Gehäuse. Seine Tüftelei, seine Geschicklichkeit und seine Fertigkeiten als Rundfunkamateur werden Jahre später der Häftlingsgemeinschaft von Buchwald sehr wertvoll sein.

Reinhold tritt dem Arbeiter-Radio-Bund bei. »Wir hofften, mit der Entwicklung des Rundfunks könnten auch Arbeiter in den Genuss von Kultur kommen und sich geistig weiter entwickeln. Proletarier kamen kaum in Theater, Konzerte oder Museen.« Der Arbeiterjunge Reinhold weiß, wie man mitunter doch in den Genuss von Kultur gelangt. »Manchmal haben sie für ein paar Pfennige Stehplätze in den oberen Rängen der Semperoper verkauft. Die Gelegenheiten habe ich genutzt.«

Im Arbeiter-Radio-Bund ist Reinhold unter Gleichgesinnten, jungen Bastelfreunden wie er, technikbegeistert und zudem geeint durch die gleiche Weltanschauung – zumindest schien es anfangs so. Dem Bund gehören Sozialdemokraten und Kommunisten an. Die von den Führungen beider Parteien ausgehende gegenseitige Befehdung bleibt nicht ohne Folge für den Bund. 1929 spalten sich die Kommunisten ab und rufen den Freien Radio-Bund Deutschlands aus. Reinhold ist im Jahr zuvor Mitglied des Kommunistischen Jugendverbandes geworden.

Die Nazis sind kaum an der Macht, da wird Reinhold das erste Mal verhaftet. Im April 1933. »Sie haben meinen Vater gesucht, wollten eigentlich ihn verhaften.« Ihre Wut, den Vater nicht erwischt zu haben, lassen die SA-Schläger nun an dem Sohn aus. Der arg Gepeinigte wird schließlich ins so genannte Schutzhaftlager Burg Hohnstein in der Sächsischen Schweiz überführt, eines der ersten KZ und berüchtigt wegen der Brutalität der SA-Wachleute. Wie vielen in der DDR eingerichteten NS-Gedenkstätten erging es nach der deutschen Vereinigung auch derjenigen auf Burg Hohnstein; sie wurde abgebaut und eingemottet. Reinhold Lochmann schmerzt solche Ignoranz, »politische Bilderstürmerei«. Mittelalterliche Burggeschichte scheint heute manchem wichtiger zu sein, als an die Barbarei unter dem Hakenkreuz zu erinnern, die noch die finstersten Kapitel des Mittelalters in den Schatten stellen, kritisiert der Veteran.

1935 wird Reinhold zum zweiten Mal verhaftet. Denn er hatte sich nach seiner Entlassung unbeirrt und »jetzt erst recht« in den Widerstand eingereiht. Er wird wegen Verbreitung antifaschistischer Flugblätter des »Hochverrats« angeklagt und

Reinhold Lochmann

verurteilt. Über drei Jahre sitzt er im Zuchthaus Zwickau, Schloss Osterstein, wo drei Jahrzehnte zuvor August Bebel seine »Frau im Sozialismus« verfasst hatte. Ob Reinhold Lochmann dort dem Häftling Paul Schielmann, Bergarbeiter aus Zwickau, meinem Großvater mütterlicherseits begegnet ist? Ich frage nicht (und bereue dies später).

Vom »Schloss«, das eine Folterstätte ist, geht es für Reinhold ins Aschendorfer Moor. Dieses Strafgefangenenlager für »Politische« ist noch nicht die letzte Station seines Leidensweges. Obwohl im Juni 1938 seine Haftstrafe verbüßt ist, geben ihn die Nazis nicht frei. Reinhold wird ins KZ Buchenwald eingewiesen.

»Ich habe zunächst im Elektriker-Kommando gearbeitet und hatte dann das Glück, in die Rundfunkwerkstatt abkommandiert zu werden. Ich konnte nun für unsere illegale Lagerorganisation täglich die Nachrichten abhören.« Nicht nur die Meldungen des Oberkommandos der Wehrmacht. Viel wichtiger sind die Informationen, die Radio Moskau und London senden. Reinhold ist sich im Klaren, er geht ein großes Risiko ein. Wer beim Abhören von »Feindsendern« ertappt wird, dem droht härteste Strafe, in der Regel sofortige Exekution. Nicht nur vor der SS, auch vor den »Kriminellen«, die sich gern der Lagerverwaltung andienen zur Erheischung eigenen Vorteils, muss er sich in Acht nehmen. Unter Beachtung der Regeln der Konspiration gibt Reinhold sein frisch aus dem Äther gefischtes Wissen an Walter Bartel, Albert Kuntz und Harry Kühn von der illegalen KPD-Leitung weiter.

Ja, es hat einige brenzlige Situationen gegeben. 1943 beispielsweise. Walter Bartel war dabei:»Eines Abends wollten wir gemeinsam eine wichtige Sendung des Nationalkomitees ›Freies Deutschland‹ hören. Kurz vor 20 Uhr gingen wir in die Radiowerkstatt. Ein Kapo, der die Schlüsselhoheit hatte und Mitglied des illegalen Widerstandes im Lager war, ermöglichte uns den Zutritt. Wir waren im Zuhören versunken, als von unserem Wachposten Alarm gegeben wurde. Schnellstens bauten wir das Gerät ab und packten Essen auf den Tisch, das sich in der Schublade einer Werkbank befand – und schon stand der SS-Sturmbannführer vor uns. Er hat uns aber nur bei einem heimlichen ›Gastmahl‹ ertappt. Trotzdem drohte er uns mit seiner Pistole: ›Wenn ich euch noch einmal erwische, knalle ich euch auf der Stelle ab!‹«

Um nicht von Zufälligkeiten abhängig zu sein, konstruiert Reinhold einen Kurzwellenempfänger. Die nötigen Teile, Röhren und Spulen hat er in der Radiowerkstatt heimlich abgezweigt. Es ist ein sehr bescheidenes Gerät, aber es erfüllt seinen Zweck. Auf dem Ettersberg genügt als Antenne ein Draht von gerade mal anderthalb Meter Länge.

Am 15. Mai 1945 erhält Reinhold Lochmann seine Entlassungspapiere aus dem Lager. Er stellt sich dem Aufbau eines neuen, antifaschistischen Deutschlands zur

Verfügung – getreu dem Schwur, den die Buchenwalder am Tag ihrer Befreiung geleistet haben. Und er meldet sich auch im hohen Alter noch stets zu Wort, wenn Antifaschismus oder Antifaschisten diskreditiert werden. So protestierte er gegen die Umbenennung der Robert-Siewert-Straße in Berlin. »Als Häftlingsverantwortlicher eines der größten Baukommandos in Buchenwald gelang es Robert Siewert durch Mut, Erfindungsreichtum und seine erworbene Autorität, der SS Zugeständnisse abzutrotzen. Eugen Kogon nannte ihn ein Beispiel der Sauberkeit, Menschlichkeit und des persönlichen Mutes.«

Reinhold Lochmann bestreitet nicht, dass es auch Kapos gab, die an Grausamkeit der SS kaum nachstanden. Aber er verwahrt sich dagegen, die Opfer zu Tätern zu machen. »Und natürlich hatten wir in dem Sinne keine Selbstverwaltung, Befehle der SS mussten ausgeführt werden. Aber die so genannten roten Kapos haben den mörderischen Lageralltag etwas lindern können. Zum Beispiel Walter Krämer, ehemals KPD-Abgeordneter im Preußischen Landtag, Kapo im Häftlingskrankenbau. Er ist in Israel als einer der Gerechten unter den Völkern geehrt worden.«

Während Reinhold Lochmann Dienst in der Pumpstation des befreiten Konzentrationslagers Buchenwald versieht – das Überleben der Überlebenden muss gesichert werden –, begrüßt 571 Kilometer Luftlinie nördlich von Weimar, in Helsingborg, im schwedischen Exil, Walter Sack den Tag der Befreiung.

»Am Morgen des 9. Mai hatten wir im Radio die Nachrichten gehört: Bedingungslose Kapitulation des faschistischen Deutschland. Die Arbeiter verließen die Fabriken, die Angestellten ihre Büros, ein Jubel ging durch die Stadt. Alles lief zum Hafen. Keiner hatte dazu aufgerufen. Ich weiß gar nicht mehr, ob jemand geredet hat. Das war auch nicht nötig.«

Der große Tag muss gebührend gefeiert, die Freude mit Freunden geteilt werden. »Mit Kurt Citron, Sozialdemokrat, auch Berliner, vereinbarten wir, uns am Abend bei meinen schwedischen Schwiegereltern zu treffen. Wir organisierten ein kleines Fass Bier, das wir – unter Beifall der Passanten – durch die Straßen rollten. Wir riefen unsere Genossen und Freunde an und abends saßen wir alle in der Norra Stenbockgata 32 zusammen: Sozialdemokraten, Kommunisten, Gewerkschafter, Juden, an die zwanzig Leute. Jeder erzählte noch einmal, woher er kam und was er von seinem weiteren Weg erwartete. Würden wir uns je wieder treffen?«

Walter Sack kommt aus Berlin. Der Sohn eines sozialdemokratischen Schlossermeisters, der sein Judentum nicht verleugnete, ist zunächst in der jüdischen Jugend organisiert, tritt dann der Sozialistischen Arbeiterjugend (SAJ) bei und aus Enttäuschung über die »abwartende Haltung« des SPD-Parteivorstandes gegenüber den die Macht an sich reißenden Faschisten zur Kommunistischen Jugend über. Entscheidend für seinen weiteren Lebensweg ist die Begegnung mit Herbert

Baum. Dieser hatte unmittelbar nach der Ernennung Hitlers zum Reichskanzler am 30. Januar 1933 mit seiner Frau Marianne und ehemaligen Schulfreunden eine Widerstandsgruppe aufgebaut, die sich vor allem aus der jüdischen Jugendbewegung rekrutiert, junge Sozialdemokraten und Jungkommunisten vereint. Sie treffen sich heimlich an verschiedenen Orten, um zu diskutieren, wie man das Regime bekämpfen könne. »Oft trafen wir uns in der Wohnung meiner Eltern«, erinnert sich Walter Sack. Wenn die jungen Antifaschisten nicht gerade Flugblätter entwerfen, lesen sie das »Kommunistische Manifest«, Engels »Ursprung der Familie, des Privateigentums und des Staates« und sogar Marxens »Kapital«. »Ich habe mir die größte Mühe gegeben, aber ich habe nicht viel verstanden«, gesteht Walter Sack. Das »Kapital« ist eine schwere theoretische Lektüre. »Wichtig war vor allem das Gemeinschaftsgefühl. Man war nicht allein mit seiner Sorge, wohin dieses Deutschland unterm Hakenkreuz abdriftet. Wir ahnten, es würde ein böses Ende nehmen, wenn sich nicht alle Hitlergegner aufraffen und sich dem zunehmenden Terror widersetzen. Ich teilte nicht den Optimismus meines Vaters, der meinte: ›Eines Tages ist dieser Nazi-Spuk vorbei. Hitler und seine Bande werden sich bald abwirtschaften.‹ So dachten viele damals. Es war ein großer, tragischer Irrtum.«

Die jungen Menschen um Herbert und Marianne Baum wollen nicht abwarten und zusehen, wie die Nazis nicht nur Deutschland, sondern bald auch Europa in ihren Würgegriff nehmen.

Was die Juden in Deutschland von der Hitlerregierung erwartet, hatte bereits der Boykott jüdischer Geschäfte, Kanzleien und Arztpraxen am 1. April 1933 gezeigt. Die Nürnberger Rassengesetze zwei Jahre später lassen keinen Zweifel mehr daran, dass die Nazis es mit der Ausgrenzung und Verfolgung der Juden ernst meinen. Die Nacht vom 9. zum 10. November 1938 ist endgültige Bestätigung schlimmer Befürchtungen. »In der so genannten Reichskristallnacht ging nicht Kristall kaputt, Menschen wurden durch die Straßen getrieben, verhöhnt und bespuckt.«

Walter Sack versteckt sich in dieser Schreckensnacht mit seinem Freund Ari in der Laube der Eltern, die beim Gesellen des Vaters Unterschlupf finden. Die Sacks sind von einem gutwilligen Nachbarn gewarnt worden. Als der Vater später seine Werkstatt aufsucht, ist er überrascht. Seine Schlosserei im Keller haben die braunen Randalierer nicht aufgesucht. »Aber im Tabakgeschäft gegenüber und in der Eisenhandlung in unserer Straße waren die Türen eingetreten, dort haben sie alles verwüstet.«

Über tausend Synagogen brennen in jener Nacht in Deutschland lichterloh, 30000 Juden werden in den Novembertagen '38 in Konzentrationslager verschleppt, 400 jüdische Bürger begehen Selbstmord. Vorwand für das Pogrom war den Nazis das Attentat des 17-jährigen polnischen Juden Herschel Grynszpan am 7. November in Paris auf den deutschen Legationssekretär Ernst Eduard von Rath. Als »Sühneleistung« sollen die Juden in Deutschland nun eine Milliarde Reichsmark zahlen. Entzogen werden ihnen noch im gleichen Jahr Grundstücke und Gewerbe. Auch die Schlosserei Sack wird im Dezember '38 »arisiert«.

Die Baum-Gruppe intensiviert ihre antifaschistische Arbeit. Es werden nicht mehr nur Flugblätter verfasst und verteilt. Es gilt, auch Lebens-, Überlebenshilfe zu leisten, »jüdische Solidarität zu organisieren«, wie Walter Sack sagt. Sein Judentum ist ihm nicht so bewusst gewesen, wie es ihm jetzt wird. »Ich bin zwar mit meinen Eltern an hohen Feiertagen in die Synagoge gegangen, aber wir waren nicht religiös. Das war eher eine kulturelle Tradition.« Der zur Staatsdoktrin erhobene und von nichtjüdischen Deutschen zunehmend akzeptierte brutale Antisemitismus der Nazis schweißt die Jungen und Mädchen der Baum-Gruppe zusammen. Ihre Aktionen werden immer gewagter. Als 1940 die Deportationen beginnen, bemühen sie sich um Verstecke und Unterkunftsmöglichkeiten für

Walter Sack

17

die auf Listen gesetzte Juden. Und sie suchen Kontakt zu den alsbald aus den okkupierten Ländern nach Deutschland deportierten jüdischen Zwangsarbeitern. Schließlich gar unternehmen sie, am 18. Mai 1942, einen spektakulären Brandanschlag auf die Goebbelsche Hetzausstellung »Das Sowjetparadies« im Berliner Lustgarten. Diese Propagandaschau in einem riesigen Pavillon, die den »bolschewistischen Untermenschen«, Armut, Not und Elend in der Sowjetunion vorführen soll, provoziert die Jungkommunisten. Sie lassen sich zu einer Aktion hinreißen, die vielen Menschen das Leben kosten wird. Innerhalb weniger Tage ist ein Großteil der Gruppe verhaftet. Als »Vergeltungsaktion« werden zudem am 28. und 29. Mai 500 Berliner Juden zusammengetrieben, teils auf der Stelle erschossen, teils ins KZ deportiert.

Walter Sack besucht oft den Gedenkstein im Lustgarten für die Opfer der Baum-Gruppe. »Der Text aus DDR-Zeiten passte denen, die das heutige Geschichtsbild dominieren, natürlich nicht«, bemerkt der Veteran. Auf dem 1981 errichteten Stein war zu lesen: »Unvergessen die mutigen Taten und die Standhaftigkeit der von dem Jungkommunisten Herbert Baum geleiteten antifaschistischen Widerstandsgruppe. – Für immer in Freundschaft mit der Sowjetunion verbunden.« Dies ist nun durch eine neue Aufschrift verdeckt. Für Walter Sack ein Zeugnis für eine verklemmte und verfälschende Geschichtssicht. Denn diese, »heute vielleicht abenteuerliche – manche meinen auch, unverantwortliche

– Aktion speiste sich gerade aus der Verbundenheit der Jungkommunisten mit der Sowjetunion. Kann man diese ihnen im Nachhinein vorwerfen? Und haben damals nicht auch viele Nichtkommunisten ihre Hoffnungen auf das große Land im Osten gesetzt? Obwohl es anfangs gar nicht gut aussah, es fast schien, als wenn Hitlers ›Blitzkriegs‹-Strategie auch im Osten aufgehen sollte.« Als die Gestapo die Baum-Gruppe zerschlägt, ist Walter weit weg, im hohen Norden. Seit Februar 1939 führt er in Helsingborg das Leben eines Emigranten. Im Gegensatz zu Tausenden anderen deutschen Emigranten ist er im Besitz einer Arbeits- und Aufenthaltserlaubnis. »Ich hatte einen Beruf, der in Schweden gefragt war: Kunstschmied.« Auch hat er das Glück, hier seine große Liebe, Ingeborg, zu finden. Doch richtig froh kann er nicht sein. Denn es wächst die Angst um die in Deutschland Zurückgebliebenen, die Freunde und die Eltern.

»Von meinen Eltern bekam ich im Spätsommer 1942 einen Brief, in dem sie mir mitteilten, dass Herbert und Marianne Baum ›schwer erkrankt‹ seien. Da wusste ich, dass sie verhaftet waren... Wie ich später erfuhr, sind 27 meiner Genossen und Freunde hingerichtet worden, darunter drei aus meiner Gruppe, einige wurden in Auschwitz ermordet.«

Im mörderischsten deutschen Vernichtungslager im okkupierten Polen sterben auch seine Eltern. »Ende Februar 1943 erhielt ich ihre letzte Karte, mit Poststempel vom 17. Februar: ›Morgen gehen wir auf die große Reise. Mutter packt. Auf gesundes Wiedersehen. Alles Gute. Dein Vater.‹« Wussten sie, wohin »die Reise« ging? Zwei Tage später, am 19. Februar, sind beide in Auschwitz umgebracht worden, wie Walter Sack später erfährt.

Der junge Emigrant in Helsingborg möchte mehr tun, als »nur« Aufklärungsmaterial für deutsche Soldaten zusammenzustellen, das mit Hilfe schwedischer Fischer illegal nach Dänemark gebracht wird. »Ich ging zum britischen Konsul, weil ich nun mit der Royal Army gegen den Faschismus kämpfen wollte. Der Konsul lobte meine Bereitschaft: ›Wir werden uns das überlegen. Kommen Sie in vierzehn Tagen wieder.‹« Als Walter Sack nach zwei Wochen erneut vorspricht, sagt der Diplomat: »Sie können uns hier im Lande bessere Dienste leisten.« Der deutsche Antifaschist entgegnet: »Ich werde mir das überlegen.« Nein, er will nicht auf das Angebot eingehen. Er ahnt, worum es sich handelt. »Ich verzichtete, denn in Schweden wimmelte es schon von Agenten.«

Man möchte es fast eine prophetische Entscheidung nennen. Denn 1950 bekommt Walter Sack in der DDR Schwierigkeiten mit seiner Partei, der SED: Stigma Westemigrant. Wenn dann gar noch bekannt geworden wäre, er habe im Krieg für den britischen Geheimdienst gearbeitet, hätte dies – auch wenn es sich um den Dienst eines Landes der Antihitlerkoalition gehandelt hat – für ihn weit unangenehmer werden können.

Walter Sack ist einer der drei aus der Runde der zwanzig deutschen Emigranten am 9. Mai 1945 in der Norra Stenbockgata 32, die in die Heimat zurückgekehrt sind. »Wir hatten immer davon geträumt, ein besseres, antifaschistisches, ja sozialistisches Deutschland aufzubauen. Es wäre für mich Verrat an unseren Träumen gewesen, nicht zurück zu gehen und es zu versuchen.«

Reinhold Lochmann, geboren am 5. Februar 1914 in Dresden, gelernter Fahrradmechaniker, lehrte nach dem Krieg an einer Kreisparteischule, trat dann in den Polizeidienst in Thüringen ein und wurde 1960 ins Ministerium des Innern der DDR nach Berlin geholt. Er war Mitglied der Zentralleitung des Komitees Antifaschistischer Widerstandskämpfer der DDR und der Lagerarbeitsgemeinschaft Buchenwald-Dora. Er starb im August 2008.

Walter Sack, geboren am 26. Dezember 1915 in Berlin, lernte Kunst- und Bauschlosser. Nach dem Machtantritt der Nazis in Deutschland trat er der jüdischkommunistischen Widerstandsorganisation um Herbert und Marianne Baum bei und emigrierte im Februar 1939 über Dänemark nach Schweden, wo er der Exil-KPD und dem schwedischen Metallarbeiterverband angehörte sowie Mitglied im Freien Deutschen Kulturbund war. 1946 nach Deutschland zurückgekehrt, arbeitete er im Landesvorstand Groß-Berlin der SED, im hauptstädtischen Magistrat und war in den 60er und 70er Jahren Bezirksbürgermeister von Treptow. Er starb am 29. April 2008.

Espagna en coroson

Kurt Julius Goldstein hat Spanien im Herzen und wird Auschwitz nie vergessen

Bereits über 90 Jahre alt machte sich der ehemalige Interbrigadist noch einmal auf den Weg nach Spanien. Mühelos bestieg er Anhöhen, die er einst mit Kameraden aus verschiedenen europäischen Ländern und republikanischen Soldaten gegen die anstürmenden Franco-Söldner verteidigt hatte. In Madrid, Barcelona und Zaragossa wurde er gefeiert, Jugendliche scharten sich um ihn, wollten seine Geschichte erfahren. Kurt Julius Goldstein erzählte sie ihnen, im perfekten Spanisch. Und nicht nur ihnen berichtete er aus seinem Leben.

Sie sagten einmal, sie hätten gehofft, sich über Spanien den Weg nach Deutschland freizukämpfen? Haben Sie tatsächlich geglaubt, wenn in Spanien die Volksfront über die Franco-Putschisten siegt, würde auch der braune Spuk in Deutschland vorbei sein?

Ich habe geglaubt, dass unser Kampf in Spanien gegen den spanischen und den mit ihm verbündeten deutschen und italienischen Faschismus ein erster Schritt für uns in die Emigration gezwungenen Antifaschisten und Juden ist, um nach Deutschland zurückzukehren. Und ich war überzeugt, dass wir in Spanien gewinnen. Ich habe mich geirrt. Wir wurden besiegt. Und der Spuk in Deutschland währte noch zehn Jahre. Und kostete Millionen Tote.

Sie sind von Palästina nach Spanien aufgebrochen. Wie kam es dazu?

Ich hatte einen guten Radioapparat, konnte auch Kurzwelle empfangen und Radio Moskau hören, sprach aber nicht Russisch. Ich hatte jedoch einen Freund, auch ein Jude, der gut Russisch konnte. Er übersetzte mir die Nachrichten ins Deutsche. Ich wusste also, was in Europa und was in Spanien los war und erfuhr auch vom Beschluss der KPD, meiner Partei, der ich seit 1930 angehörte, der spanischen Republik beizustehen, an der Seite der gewählten Volksfrontregierung in Madrid den sich in Europa ausbreitenden Faschismus wenigstens auf der Iberischen Halbinsel wieder zurückzudrängen.

Wie viele Freiwillige sind aus Palästina nach Spanien gegangen?

Es waren etwa einhundert Freiwillige, jüdische Frauen und Männer aus allen europäischen Ländern, die meisten stammten aus Polen. Auf dem Schiff, mit dem ich von Palästina aus in See stach, waren auch drei oder vier junge Frauen, ansonsten nur Männer, darunter Herbert Grünstein, Jahrzehnte später stellvertretender Innenminister der DDR.

Konnten Sie denn so einfach Ihre Zelte in Palästina abbrechen?

Einfach war es nicht. Ich gehörte der KP Palästina an, die in tiefster Illegalität im britischen Mandatsgebiet arbeitete. Alle vier Wochen traf ich mich mit einer Genossin, die mir neue Aufträge erteilte. 1960, als ich zum Eichmann-Prozess nach Israel fuhr, habe ich sie als Mitglied des Politbüros der KP Palästina wieder getroffen.

Und jetzt erzähle ich etwas, was ich kaum in der Öffentlichkeit preisgebe: Ich hatte damals ernsthafte Schwierigkeiten mit meinen Genossen. Weil ich fest entschlossen war, nach Spanien zu gehen. Das habe ich dieser Genossin im August 1936 bei einem unserer Treffen frank und frei gesagt. Da fragte sie mich: »Ist das ein Antrag, den du stellst?« Ich sagte: »Ja, das ist ein Antrag.« Da sagte sie: »Wenn wir uns das nächste Mal wieder treffen, bekommst du Antwort.« Wochen später teilte sie mir mit, die Genossen hätten beschlossen, dass ich in Palästina zu bleiben habe. Ich hätte Aufgaben übernommen, die wichtiger seien, als nach Spanien zu gehen.

Und da sind Sie der Partei untreu geworden, haben sich über einen Parteibeschluss hinweggesetzt?

Ich habe zunächst einmal den Antrag erneuert und den Genossen von der KP Palästina entgegnet: »Ihr müsst bedenken, ich bin bei euch nur Gast. Ich bin Mitglied der Kommunistischen Partei Deutschland. Und getreu einem Beschluss der KPD habe ich mich entschieden, in Spanien gegen den Faschismus zu kämpfen. Ich werde jetzt nach Frankreich fahren und mich dort bei meiner Emigrationsleitung melden und den Genossen offen schildern, welche Differenzen ich mit euch habe. Wenn die sagen, du musst zurück, dann komme ich zurück – reumütig. Aber wenn die sagen, du kannst nach Spanien gehen, dann gehe ich und ihr seht mich nicht wieder.«

Gesagt, getan?

Gesagt. Getan. Ich bin also gefahren, nach Marseille gekommen und habe dem französischen Genossen, der uns dort empfangen hat, meine Situation geschildert

Kurt Julius Goldstein

und gebeten, mir Kontakt zu den deutschen Genossen zu vermitteln. Mir wurde ein Quartier zugewiesen und da hockte ich anderthalb Wochen, jeden Tag ungeduldig auf die Nachricht wartend: »Du kannst nach Spanien fahren.« Endlich die erlösende Botschaft. Endlich war es soweit. Ich bestieg mit anderen Freiwilligen die »Ciudad de Barcelona«, das Schiff, das uns nach Valencia bringen sollte. Wir mussten uns jeder in einer Tonne verstecken. Ich kam mir vor wie der griechische Philosoph Dionysos. Wir mussten ja durch die Sperrzone, die von den Briten und Franzosen, den Appeasementpolitikern, um Volksfrontspanien herum errichtet worden war. Erst als wir da durch waren und keine Kontrolle mehr drohte, konnten wir aus unseren Fässern im Unterdeck des Schiffes wieder raus. Man brachte uns in den Speisesaal des Schiffes, setzte uns eine herrliche Mahlzeit vor und schenkte uns Wein ein. Plötzlich fing der Affenkahn zu schaukeln an. Das führte bei einigen Genossinnen und Genossen dazu, dass sie das schöne Essen und den köstlichen Wein nicht bei sich behielten und ins Meer schütteten. Schade drum, dachte ich nur. Ich bin von der Seekrankheit verschont geblieben.

Und dann kamen Sie erst einmal ins Sammellager und Hauptquartier der Interbrigadisten?

Ja. Wir betraten in Valencia spanischen Boden. Und von dort ging es gleich nach Albacete. Da wurden wir etwas ausgebildet. Wir hatten einen Instrukteur, der sehr gut russisch sprach, aber weniger gut deutsch. Es gelang ihm trotzdem, uns alles zu erklären, was wir wissen mussten, um einen Karabiner und ein Maschinengewehr zu bedienen. Am dritten Abend wurde dann gefragt: »Wer kann Auto fahren?« Ich konnte. In Deutschland hatte ich nur einen Motorradschein. Da ich aber in Palästina zunächst in eine Kooperative für Busfahrer eintreten wollte, hatte ich dort die Fahrerlaubnis gemacht. Ich bin dann aber doch nicht Busfahrer geworden, sondern war in Haifa auf dem Bau tätig.

Nun also bin ich gleich nach Madrid gekommen; da wurde das erste Transportregiment gebildet. Wir haben Ausrüstungsgegenstände und Lebensmittel von den Hafenstädten in die spanische Hauptstadt gebracht. Das war nicht ungefährlich. Wir fuhren oft bei Nacht, um uns nicht dem Beschuss deutscher und italienischer Flieger auszusetzen. Ich habe mehr als einen Jagdfliegerangriff miterlebt. Der Schrecken geht einem durch Haut und Knochen. Gefüllte Tanks und Munition auf der Ladefläche – da saß man buchstäblich auf einem Pulverfass. Eine Feuersalve reichte, um uns alle in die Luft zu jagen.

Sie haben an allen großen Schlachten in Spanien teilgenommen. Welche war die Schlimmste?

Kurt Julius Goldstein in Spanien mit seiner damaligen Freundin Anita Gomez Ibanac.

Die Schlacht bei Teruel, ihr zweiter Teil. Der erste Teil war unsere Offensive. Wir begannen mit dem Angriff auf die von den Faschisten eingenommene Stadt am 15. Dezember 1937. Noch vor Weihnachten hatten wir Teruel eingenommen – unter Führung des legendären General Walter. Wir staunten nicht schlecht, als wir in die Stadt kamen. Die Faschisten hatten hier ordentlich gehortet: Lebensmittel, Tabak, Zigaretten, Kaffee, Wein. Alles war da. Im Januar 1938 haben die Faschisten dann ihre Truppen wieder zusammengezogen und eine Gegenoffensive gestartet. Die spanische Volksarmee versuchte an einem benachbarten Frontabschnitt ein Ablenkungsmanöver. Es gab zwei strategisch wichtige Anhöhen: bei Caspe und Alcaniz. Wir haben sie gestürmt und mussten dann wieder weichen. Erneut sind wir angerannt und wieder zurückgeschlagen worden. Das ging den ganzen Januar und Februar über. Da haben wir die Hälfte der XI. Brigade verloren – bei Alcaniz, Caspe und Teruel.

Und auch Sie sind verwundet worden.

Mein Laster ist beim Rückzug aus Caspe angegriffen worden. Ich sprang raus, und da bekam ich etwas von einer Splitterbombe ab. Ich kam in ein Spital, das in einem Kloster bei Vic eingerichtet war.

An die Front ging es nicht mehr. Im Oktober 1938 wurden die Interbrigadisten in Barcelona verabschiedet.

Was für ein Gefühl war das, nun die Waffe aus der Hand legen zu müssen – sieglos?

Es war ein schreckliches Gefühl. Ich kann schwer beschreiben, was in uns vorgegangen ist. Ich war in Santa Coloma de Farners, als die Nachricht kam, der Völkerbund habe beschlossen, dass alle ausländischen Kräfte sich aus Spanien zurückziehen sollten. Die Regierung Negrin sicherte zu: Die Interbrigaden werden aufgelöst. Wir waren entsetzt und niedergeschlagen. Uns kam es so vor, als würden wir unsere spanischen Genossen und Genossinnen ver… – nein, das Wort kommt mir nicht über die Lippen. Es war fürchterlich, deprimierend.

Die uns alle am tiefsten berührende, emotionalste Rede hat bei der offiziellen Verabschiedung in Barcelona Dolores Ibárruri, die unvergessliche »La Pasionaria« gehalten. Sie sprach uns aus dem Herzen. Ihre Abschiedsrede ist in der DDR bekannt gewesen, sie wurde oft zitiert: »Ein Gefühl der Qual, unendlichen Schmerzens schnürt unsere Kehlen zusammen…« Ja, sie sprach uns aus dem Herzen.

Es muss auch für Ihre spanischen Freunde ein furchtbarer Tag gewesen sein?

Natürlich waren auch sie unglücklich und traurig. In Santa Coloma haben sie uns zu Ehren noch ein großes Volksfest gegeben. Dabei wurde auch der zentrale Platz umbenannt in »Plaza de las Heroicas Brigadas Internacionales«, Platz der Heroischen Internationalen Brigaden. Anfang der 80er Jahre hatten wir in Madrid eine Tagung der FIR, der Internationalen Föderation der Widerstandskämpfer, deren Sekretär ich damals war. Ich bin mit meiner lieben Margot, meiner Frau, nach Spanien gefahren. Als wir in Barcelona Halt machten, hat ein Freund, ein katalanischer Genosse, auf meinen Wunsch hin mit mir einen Abstecher nach Santa Coloma de Farners gemacht. Ich war neugierig, ob es noch unseren »Plaza de las Heroicas Brigadas Internacionales« gab. Natürlich hieß der Platz nicht mehr so. Er war nicht nur aus dem öffentlichen Raum verschwunden, sondern – nach vierzig Jahren Franco-Diktatur – auch aus dem Gedächtnis der Einwohner. Egal, wen wir fragten, alle zuckten mit den Schultern. Da hat der katalanische Genosse nach dem ältesten Bürger gefragt. Und als wir den fanden und fragten, da hat er erst drei Mal nach links, drei Mal nach rechts und drei Mal nach hinten geblickt, sich vergewissert, dass wir nicht belauscht werden und dann bestätigt: »Ja, es gab einmal den Platz der Heroischen Internationalen Brigaden.« Er ist gleich nach Francos Sieg umbenannt worden – so wie sie es bei uns gemacht haben, als die DDR 1990 besetzt worden ist.

Dolores Ibárruri hatte in Barcelona beim Abschied den Interbrigadisten auch versichert: »Wir werden euch nicht vergessen, und wenn die Blumen des Friedens blühen, dann: Kommt zurück. Kommt zurück zu uns, hier findet ihr ein Vaterland.« Auf diesen Moment haben Sie und Ihre Freunde und Kameraden über vier Jahrzehnte warten müssen.

So ist es. Das erste Mal waren wir wieder in Spanien, nachdem Franco das Zeitliche gesegnet hatte. Da konnten wir Interbrigadisten uns erstmals wieder an den Stätten unserer Kämpfe, unserer Schmerzen, aber auch unserer Siege und Freude treffen. Das zweite Mal kamen wir 1996 in Spanien zusammen. Wir erhielten die Ehrenbürgerschaft. Das war ein großer Moment. Ort der Ehrung war das spanische Parlament, die Cortez. Der Parlamentspräsident redete schon, da kam einer von meinen spanischen Kumpels, Marcos Anas, zu mir und sagte: »Julio, du musst gleich die Dankesrede im Namen aller Interbrigadisten halten.« Da sagte ich zu ihm: »Na, schön. Konntest du mir das nicht etwas eher sagen.« Aber so sind sie, die Spanier. Sehr spontan. Meine Dankesrede habe ich mit den Worten begonnen: »Nos Interbrigadistas espagna en coroson.« Wir Interbrigadisten haben Spanien im Herzen. Wir haben es wirklich.

Inwieweit hat Spanien Ihren weiteren Lebensweg geprägt?

Nicht nur meinen, jeden, der in Spanien war, hat unser Kampf dort geprägt. Wer von uns durch die deutschen KZ gegangen ist, ob Buchenwald, Sachsenhausen, Dachau – überall waren Interbrigadisten eingesperrt –, der hat sich dort nicht so leicht das Rückgrat brechen lassen. Mehr noch, Interbrigadisten waren vielfach das Rückgrat des illegalen Widerstandes in den Lagern, ob deutsche, österreichische oder französische Spanienkämpfer. In der Truppe, die am 11. April 1945 die Selbstbefreiung von Buchenwald ermöglicht hat, waren vor allem Interbrigadisten.

Es ist immer wieder angezweifelt worden, dass dies eine Selbstbefreiung gewesen ist.

Es war eine Selbstbefreiung. Die SS-Schergen sind überrumpelt, entwaffnet und gefangen gesetzt worden, zwei Tage, bevor die US-amerikanischen Einheiten von General Patton in Weimar einrückten. Kampfentschlossenheit hat deutsche Kommunisten und Antifaschisten nach Spanien geführt und in die KZ gebracht. Sie hat ihnen zugleich die moralische Kraft verliehen, die Hölle der Lager durchzustehen, wissend: Am Ende siegen wir. Wir haben gesiegt. Und sind nun wieder besiegt worden. So ist das leider in der Geschichte. Ich bin zu alt, um zu sagen: Am Ende werden wir wieder siegen.

Höre ich da aus dem Munde eines Kämpfers Resignation?

Nein, die Hoffnung stirbt nie. Sagt man zu Recht. Darum unterhalte ich mich ja auch hier mit Ihnen. Und darum spreche ich auch anderorts, auf Kundgebungen oder in Schulklassen. Überall, wo ich erwünscht bin und manchmal auch dort, wo ich nicht erwünscht bin, es aber notwendig ist. Ich bin allerdings nun schon über Neunzig und werde es nicht mehr miterleben, dass wir am Ende doch siegen. Aber so lange ich noch die Kraft dazu habe, werde ich alles tun, damit wir unserem Ziel näher kommen.

Wer sind »wir«?

Das sind alle Antifaschisten, alle wahrhaften Demokraten, alle friedliebenden Menschen.

Und das Ziel?

Eine Welt des Friedens und der sozialen Gerechtigkeit.

Wie viele Niederlagen kann ein Mensch verkraften, ohne ein Pessimist oder gar Zyniker zu werden?

Das weiß ich nicht. Das wird unterschiedlich sein, je nach dem Naturell. Ich habe eine Menge einstecken müssen und bin Optimist geblieben.

Die erste offene Schlacht gegen den Faschismus, 1936 bis 1939 in Spanien, hat mit einer schmerzhaften Niederlage geendet....

Halt, da muss ich widersprechen. Die ersten, die mit bewaffneter Hand gegen den Faschismus gekämpft haben, waren die Österreicher. Dazu kann ich eine Episode erzählen.

Ja, bitte.

Anfang der 80er Jahre erhielt ich als Sekretär der FIR in Wien einen Anruf von der Arbeitsgemeinschaft verfolgter Sozialdemokraten in Berlin. Ein sogenannter »halbjüdischer« Buchenwald-Mithäftling rief mich an und teilte mir mit, er käme mit einer Gruppe nach Wien und ersuche um ein Gespräch in der FIR. Er nannte mir den Tag, an dem sie ankommen und teilte mir den Name und die Adresse des Hotels mit, in dem sie wohnen würden. Gleich am ersten Morgen, als sie dort ihr erstes Frühstück eingenommen haben, bin ich hin und habe sie begrüßt. Anschließend gab es eine Stadtrundfahrt, organisiert von der Sozialistischen Partei Österreichs. Ein Vertreter des Parteivorstandes der SPÖ informierte vorab, was er den Besuchern aus Berlin zeigen würde: ein Denkmal für die Kaiserin Sissi, ein Denkmal für Erzherzog Franz-Josef und so weiter und so fort – alles so einen Kaiser-Scheiß. Nachdem er seine Rede beendet hatte, habe ich den sozialdemokratischen Genossen gefragt, ob ich ein paar Worte sagen dürfe. Es wurde mir gestattet. Ich sagte, dass eine solche Stadtrundfahrt eine feine Sache ist, aber ich doch denke, die Genossen von der Arbeitsgemeinschaft verfolgter Sozialdemokraten aus Berlin würden sicher gern auch die Straßen und Plätze in Wien sehen, wo ihre österreichischen Genossinnen und Genossen mit der Waffe in der Hand gegen die Faschisten gekämpft haben. Ich schlug vor, nach Floristorf zu fahren, dort wo 1934 die Schutzbündler die erste Abwehrschlacht gegen den Faschismus bestritten und einen hohen Blutzoll gezahlt haben. Ein Jahr zuvor hatte die deutsche Arbeiterbewegung eine schlimme Niederlage erlitten mit der Machtübertragung an Hitler.

Nicht nur die Arbeiterbewegung, alle Demokraten und Antifaschisten. Aber es ist richtig, die Spaltung der Arbeiterbewegung hat den Aufstieg der Nazis mit begünstigt. Statt sich gegenseitig zu bekämpfen und zu denunzieren, wie etwa mit der verhängnisvollen Sozialfaschismus-These oder dem Vorwurf »rot lackierte Faschisten«, hätte man sich gegen die faschistische Gefahr zusammenschließen müssen. Da kamen auch falsche Signale aus Moskau.

Sie waren Kommunist...

Und bin es noch heute. Werde es bis zum letzten Atemzug sein.

Als Kommunist und Jude waren sie in Nazideutschland doppelt bedroht.

Deshalb musste ich das Land verlassen.

Fühlen Sie sich mehr als Jude oder als Kommunist?

Ich bin ein deutscher, jüdischer Kommunist. Das Judentum ist ein Teil meiner kulturellen Identität, Kommunist zu sein ist meine politische Identität.

Wie sind Sie Kommunist geworden?

Ich war in der jüdischen Jugendbewegung »Kameraden«. Aber der dort herrschende Standesdünkel hat mich abgestoßen. Ich fühlte mich da nicht wohl.

Sie selbst stammen aus gutbürgerlichem Hause, sind der Sohn eines Kaufhausbesitzers.

Aber Standesdünkel gab es in unserer Familie nicht. Mein Vater ist früh verstorben. Er erlag 1920 seinen schweren Verwundungen im Ersten Weltkrieg. Mutter musste uns vier Kinder allein durchbringen. Sie konnte das Kaufhaus nicht mehr weiterführen, ein sehr bescheidenes übrigens, nicht zu vergleichen mit den heutigen Konsumtempeln. Wir zogen von Scharnhorst, heute ein Stadtteil von Dortmund, nach Hamm um, wo meine Mutter dann ein kleines Textilgeschäft aufmachte.

Ich bin dann in die Sozialistische Arbeiterjugend eingetreten. Aber dort stieß ich auf antisemitische Ressentiments. Und da habe ich mich erneut umgeschaut und lernte Kommunisten kennen. Bei denen habe ich keine rassistischen Vorurteile erlebt. So wurde ich 1928 Mitglied des Kommunistischen Jugendverbandes Deutschlands. In dem waren nicht wenige Juden. Unser Vorsitzender war Max Reimann, der spätere KPD-Vorsitzende in Westdeutschland. Er hat mir den Parteinamen Kurt Berger verpasst.

Sie waren damals aber doch noch Schüler.

Ja, und wegen kommunistischer Propaganda bin ich kurz vor dem Abitur relegiert worden, zum Kummer meiner Mutter. Sie hat es dann ermöglicht, dass ich in Münster das Abitur machen konnte.

Haben Sie in der Schule Anfeindungen als Jude erfahren müssen?

Der Antisemitismus war virulent in Deutschland, den gab es schon in der Weimarer Republik. Einmal ist ein Lehrer mit wüsten Beschimpfungen über mich hergefallen. Ich wusste gar nicht warum. Ich war neun oder zehn Jahre alt und hatte mich keines Vergehens schuldig gemacht. Ihm passte wohl meine jüdische Nase nicht. Und mein Selbstbewusstsein.

Aus Nazideutschland geflohen sind Sie aber, weil Sie politisch verfolgt worden sind.

In der Nacht des Reichstagsbrandes vom 27. auf den 28. Februar 1933 wurde ich gewarnt: »Die wollen dich verhaften.« Ich hatte kurz zuvor eine SA-Mann in Hamm niedergeschlagen, der mich als Jude und Kommunist beschimpft hatte. Ich tauchte bei einer befreundeten Familie unter. Die Gestapo suchte mich tatsächlich. Sie stürmten das Haus meiner Mutter in Hamm und haben meinen älteren Bruder Günter verhaftet. Dann kamen sie auch zum Haus, wo ich mich versteckt hielt. Es gelang mir, in buchstäblich letzter Minute zu entwischen. Ich rannte, als wenn der Teufel hinter mir her wäre. Ich habe mich glücklich über die Grenze geschlagen und fand in Luxemburg bei Verwandten Zuflucht. Ich blieb nicht lange dort, zog weiter.

Weil Sie nach Palästina wollten?

Nein, ich ging zunächst nach Paris. Dort rieten mir die Genossen, mich der jüdischen Jugendorganisation Hechaluz, was Pionier heißt, anzuschließen. So kam ich in die Hachschara-Bewegung, die junge Leute für ein Leben in Palästina vorbereitete. Ich habe bei einem Großbauern in Villefranche-de-Rouergue in Südfrankreich gearbeitet, der Weinberge hatte und Viehzucht betrieb. Da gab es viel zu tun und da habe ich auch viel gelernt, was mir später durchaus nützlich war. Im Juni 1935 bin ich dann mit meiner damaligen Freundin Lotta nach Palästina gegangen. Ich ging aber nicht in einen Kibbuz, sondern wurde – wie schon gesagt – in Haifa Bauarbeiter.

Nach der Niederlage der spanischen Volksfrontrepublik sind Sie wieder nach Frankreich gegangen und sind dort, wie tausende andere Interbrigadisten, interniert worden.

Und ich bin nicht wieder rausgekommen. Ich habe in Frankreich vier Lager durchgemacht: Saint Cyprien, Gurs, Vernet und schließlich Drancy. Auch wenn die dortigen Bedingungen nicht zu vergleichen waren mit denen in den deutschen KZ, so war es doch auch dort sehr, sehr schlimm. Wir litten unter mangelnder Hygiene und Hunger, hatten Flöhe und Läuse. In Le Vernet war auch Friedrich Wolf, Schriftsteller und Arzt. Er hat sich um eine Verbesserung der Bedingungen im Lager bemüht und wichtige Tipps gegeben. Die halfen mir später, Auschwitz und Buchenwald zu überleben. Im Gegenzug mussten wir ihm unsere Geschichten aus Spanien erzählen. Er war ein sehr aufmerksamer und wissbegieriger Zuhörer

Sie gehörten zu den ersten von Vichy-Frankreich an Deutschland ausgelieferten Juden.

Ich bin mit dem zweiten »Transport« im Juli 1942 nach Auschwitz deportiert worden. Und ich hatte wieder einmal Glück: Bei der Selektion an der Rampe von Birkenau verwies mich der SS-Mann auf die Seite der noch zu Sklavenarbeit tauglichen Neuankömmlinge.

Kann man da von Glück sprechen?

Wenn die einzige Alternative darin besteht, dass man sofort ins Gas geschickt wird – dann ja. Ich bekam eine Nummer in den Unterarm eingebrannt: 58866. Und als die SS uns dann fragte, welche Berufe wir hätten, gab ich »Püttmann« an, wie der Bergmann im Ruhrgebiet genannt wird. Ich bin als Jungkommunist in Zechen gewesen. Damals hätte ich mir aber nicht träumen lassen, dass ich selbst einmal in einer Grube, in der Grube von Jawischowitz im okkupierten Polen arbeiten würde. Da es unter den Häftlingen kaum Bergmänner gab, wurde ich zum Kapo in Jawischowitz ernannt.

Um die »roten Kapos« hat es in den 90er Jahren heftige Diskussionen gegeben. Es hieß, sie hätten ihre Stellung nur für ihre Genossen ausgenutzt.

Das ist Unsinn. Natürlich sind auch Kommunisten nur Menschen, machen Fehler wie andere, denken in manch extremer Situation vielleicht auch mal nur an sich. Sie sind keine unfehlbaren Helden, zu denen man sie in der DDR leider viel zu oft gemacht hat. Aber generell haben die kommunistischen Funktionshäftlinge sich für alle ihre Leidensgefährten eingesetzt, egal welcher politischen, ethnischen oder sozialen Zugehörigkeit.

Ja, wir hatten im Lager heftige Diskussionen, ob man Funktionen übernehmen dürfe oder ob man sich nicht damit zum Werkzeug der SS mache. Ich hielt es für wichtig und notwendig, denn nur so kam man auch in eine Position, aus der man der SS vielleicht kleine Verbesserungen für die gesamte Häftlingsgemeinschaft abtrotzen oder auch heimlich Lebensmittel und Medikamente beiseite schaffen konnte.

Gibt es etwas, was Sie bereuen, als Kapo nicht geschafft zu haben?

Diese Frage kann man nicht beantworten. Natürlich hätte ich gern das Sterben beendet, wenn ich die Macht dazu gehabt hätte. So viele von uns sind regelrecht krepiert, an Hunger, Auszehrung, Erschöpfung und an Krankheiten, sind erschlagen und erschossen worden. Die Möglichkeiten, die man als Kapo hatte, werden manchmal stark übertrieben. Auch wir konnten jeder Zeit bei der SS in Ungnade fallen und zum Tode verurteilt werden.

Man konnte als Kapo aber klare Regeln aufstellen, die das Überleben im Lager leichter machten. Und das habe ich getan. In meinem Kommando wurde nicht geduldet, wenn ein Häftling einen anderen bestahl oder sich prügelte. Und ich habe mich bemüht, die Tipps, die uns in Vernet damals Friedrich Wolf gegeben hat, auch in Auschwitz durchzusetzen, vor allem Sauberkeit in den Baracken und Körperhygiene.

Auschwitz ist nicht Ihre letzte Leidensstation gewesen.

Nein, als die Rote Armee näher rückte, wurde begonnen, Auschwitz zu evakuieren. Wir wurden auf »Todesmarsch« geschickt. Von den 3000 Häftlingen, die am 17. Januar 45 von Auschwitz in Marsch gesetzt wurden, kamen am 22. Januar in Buchenwald gerade mal noch 500 an. Deshalb schworen wir auf dem Appellplatz von Buchenwald nach unserer Selbstbefreiung: »Die Vernichtung des Nazismus mit seinen Wurzeln ist unsere Losung. Der Aufbau einer neuen Welt des Friedens und der Freiheit ist unser Ziel. Das sind wir unseren gemordeten Kameraden, ihren Angehörigen schuldig.« Daher fühle ich mich zutiefst verletzt, wenn in meinem Land wieder neonazistischer Ungeist sein Unwesen treibt, Gedenkstätten und jüdische Friedhöfe geschändet und Ausländer gejagt werden, wenn Auschwitz geleugnet wird oder die Opfer der Nazis mit den Toten der Bombennächte in deutschen Städten gleichgesetzt oder aufgerechnet werden. Ich fühle mich zutiefst verletzt, dass Deutschland wieder Krieg führt. Dafür haben wir nicht gelitten, dafür sind so viele meiner Freunde und Genossen nicht gestorben. Das macht mich manchmal traurig, sehr traurig.

Kurt Julius Goldstein, geboren am 3. November 1914 als jüngstes von vier Kindern des Kaufhausbesitzers Emil Goldstein, trat 1928 dem Kommunistischen Jugendverband Deutschlands (KJVD) und zwei Jahre darauf der KPD bei. Am 3. April 1933 verließ er Deutschland, gelangte über Frankreich nach Palästina und schließlich Spanien, wo er in den Interbrigaden kämpfte. Nach dem Sieg Francos wurde Goldstein in Frankreich interniert, im Juli 1942 an Nazideutschland ausgeliefert und nach Auschwitz deportiert, wo er von der SS zynisch »Judenkönig« genannt wurde. Im Januar 1945 auf »Todesmarsch« nach Buchenwald getrieben, erlebte er die Selbstbefreiung des Lagers am 11. April. In seine Heimatstadt Dortmund zurückgekehrt, wurde er 1. Sekretär des FDJ-Zentralbüros in der Bundesrepublik. 1951 übersiedelte er in die DDR, wo er seine Frau Margot, geborene Wloch, kennen lernte, deren Vater 1939 in der Sowjetunion in einem Gulag verstorben ist; sie selbst war 1940 mit ihrer Mutter und ihrem Bruder an Nazideutschland ausgeliefert worden. Goldstein wurde Mitarbeiter der Westabteilung des ZK der SED und wechselte 1956 zum Rundfunk, wo er bis zu seiner Pensionierung als Intendant tätig war. 1976 wurde er Vizepräsident des Internationalen Auschwitzkomitees, von 1982 bis 1991 wirkte er als Sekretär der Internationalen Föderation der Widerstandskämpfer in Wien. 2005 wurde Kurt Julius Goldstein mit dem Bundesverdienstkreuz geehrt. Er starb ein Jahr nach seiner letzten großen Spanienreise am 24. September 2007 in Berlin. Das Berliner Schriftstellerpaar Rosemarie Schuder und Rudolf Hirsch haben Kurt Julius Goldstein schon zu seinen Lebzeiten mit dem Buch »Nr. 58866: ›Judenkönig‹« ein literarisches Denkmal gesetzt.

Der Saboteur von Sachsenhausen

Karl Stenzel über seine »Universitäten« in faschistischen Lagern

»Es war eine Hundsgemeinheit«, schimpft Karl Stenzel. »Abseits vom Rathausplatz standen ungefähr 30 Neonazis. Als wir am Abend unsere Kundgebung eröffneten, marschierten sie an, begleitet von Polizei. Auf jeden Nazi kam ein Polizist. Kaum hatten wir mit der Verlesung der Namen der jüdischen Opfer in Zossen begonnen, insgesamt 80, fingen die Nazis an zu brüllen: ›Lüge, Lüge‹ und ›Heil Hitler, Heil Hitler‹. Die Polizei stand daneben, sagte nichts und schritt nicht ein. Obwohl sie dazu gesetzlich verpflichtet gewesen wäre, die Leute wegen Leugnung des Holocaust und Heil-Hitler-Rufen in der Öffentlichkeit zu verhaften.«

Die Empörung sitzt tief. Sie speist sich aus schlimmsten Erfahrungen in der Zeit der Nazidiktatur. Elf von zwölf Jahren des »Tausendjährigen Reiches« verbrachte Karl Stenzel in faschistischen Gefängnissen und Lagern. Er weiß, was nazistischer Ungeist anrichtet. Auch heute noch. In Zossen haben die Neonazis gerade erst einen Brandanschlag auf das Haus der Demokratie verübt. Es erzürnt Karl Stenzel, dass der NPD immer wieder Aufmärsche gerichtlich genehmigt werden. »Die das entscheiden, sind die Söhne und Töchter der NS-Blutrichter, die nach dem Krieg im Westen Deutschlands in der Straf- wie Verwaltungsjustiz bald wieder ihre alten Posten innehatten. Und die sind nach der Vereinigung über uns gekommen. Sie helfen den Neonazis, wo sie nur können. Mit einer Frechheit und Rücksichtslosigkeit ohnegleichen.« Der Veteran flicht ein: »Aber das liegt auch daran, dass wir viel zu viel dulden.«

Es ist kalt, eiskalt draußen. Doch im Holzhaus skandinavischen Stils im Brandenburgischen ist davon nichts zu spüren; eine fast tropische Wärme empfängt den durchgefrorenen Besucher. Der in einem kleinen Ort im Umfeld von Berlin lebende Antifaschist verbirgt auch seinen Unmut über die alljährlich im nahe gelegenen Halbe stattfindenden Kundgebungen der Neonazis nicht. Der Ort, an dem die letzte große Kesselschlacht des Zweiten Weltkrieges tobte, ist ein riesiger Friedhof. Und Pilgerort für alte und neue braune Kameraden. Karl Stenzel macht dafür, dass es so gekommen ist, Versäumnisse in der DDR mitverantwortlich. In der Erde von Halbe waren »still und leise« auch die Toten aus Ketschendorf, dem einstigen Speziallager Nr. 5 der sowjetischen Besatzungsmacht beerdigt worden. Dort waren bis 1947 nicht nur blutbefleckte Nazis, sondern ebenso Angehörige der Hitlerjugend, verführte dumme Jungen, sowie Unschuldige interniert gewesen.

»8000 sind durch Hunger und schlechte Unterkunft kaputtgegangen«, weiß Karl Stenzel. »1952 ist von zentraler Stelle entschieden worden: ›Lasst sie dort liegen, wir können sie nicht noch einmal umbetten.‹ Es wurde nur ein Schild angebracht, das auf anonyme Tote verwies. Dabei wusste jeder, wer diese waren. Nach der politischen Wende ist das sofort geändert worden. Und das ist auch ein Grund, warum immer mehr Nazis sich auf Halbe konzentrieren und wir seit 1995 keine Ruhe mehr vor denen haben.«

Karl Stenzel hat in der Weimarer Republik eine Justiz erlebt, die auf dem rechten Auge blind war und rot sah, wenn die Roten die Fürsten entschädigungslos enteignen wollten oder Brot statt Panzerkreuzer forderten. 1931 ist der Sohn eines Schlossers, der gleichfalls Schlosser wird, in den Kommunistischen Jugendverband Deutschland eingetreten. Im Arbeitersportverein hat Karl Kommunisten kennen gelernt. »Die waren unsere Riegenführer.« Zum Sport hat ihn sein Vater geschickt. »Ich hatte alle Kinderkrankheiten und war ein ganz schwächliches Kind, als ich in die Schule kam. Bei den üblichen Schlägereien war ich stets unterlegen. Mein Vater sagte: ›Das geht mit dem Murkel nicht mehr so weiter.‹« Und so meldete er den Sohn beim Schwimmen und Ringen an. Der Sport kräftigt den Jungen. »Ich habe mich nun wehren können und habe mich auch gewehrt.«

Dazu habe auch die bessere Ernährung seit 1924 beigetragen, ergänzt Karl Stenzel. Die Beendigung der Inflation bedeutet, nicht mehr hungern zu müssen, nicht mehr zu Dritt in einem Bett zu schlafen und statt Holzpantoffeln richtige Schuhe zu tragen. »Doch dann kam die große Krise, damals wie heute aus den USA herüber, mit dem Schwarzen Freitag 1929. Drei Jahre später gab es in Deutschland sieben Millionen Arbeitslose – bei 60 Millionen Einwohnern.« Karl findet nach Abschluss seiner Schlosserlehre keine Arbeit. Er nimmt an den großen Demonstrationen der Arbeitslosen teil. »Im Gegensatz zu heute gab es die jede Woche. Und jede Woche Auseinandersetzungen mit der Polizei. Das war beinahe selbstverständlich.«

Die Stenzels wohnten in Leipzig-Ost. »Neuschönefeld hieß das früher mal, ein richtiges Arbeiterviertel, vom Hauptbahnhof keine halbe Stunde entfernt.« Zur Zelle 7 des KJVD im Leipziger Osten gehörten 80 Jungkommunisten. »Im März 1933 waren wir nur noch 20 und hatten kein Lokal mehr, wo wir unsere Versammlungen abhalten konnten.« Knapp einen Monat nach Übertragung der Kanzlerschaft an Hitler ist Deutschland in fester Hand der Nazis. Karl ist mit seinem Sport beschäftigt. In seiner Gewichtsklasse ist er bei den Ringern in großem Vorteil – »kurz, stämmig und sehr, sehr kräftig. Ich wurde auch von bürgerlichen Vereinen umworben«. Aber er bleibt seinem »Santo 04« treu, »auch ein sehr angesehener Verein«.

Kurz vor dem 1. Mai 1933 sucht ihn ein HJ-Führer auf, der in seiner Straße wohnt: »Hör mal, zum Tag der Nationalen Arbeit, am 1. Mai, da marschierst du mit uns.« Das kommt für Karl nicht in Frage: »Ich habe ihm einen Vogel gezeigt.« Am 2. Mai kommt die SA, verschleppt ihn in ihr »Knüppelheim« und quält ihn

Karl Stenzel

einen ganzen Tag lang. Es währt vier Wochen, bis er wieder hergestellt ist. Für Karl ist der Faschismus nunmehr ganz konkret. Dessen menschenverachtendes Wesen ist ihm regelrecht eingeprügelt worden. Nie wird er das vergessen. »Es war ja nicht nur, dass man gekränkt war und es wirklich weh getan hat, wenn zehn Mann auf einen rumkloppen. Als Sportler ist man immer fair. Da stürzen sich nicht mehrere auf einen Wehrlosen.«

Karl ist jetzt umso eifriger dabei, die Hitlerdiktatur zu bekämpfen. Mit seinen Gefährten vom KJVD, der nur illegal agieren kann, klebt er nachts Plakate, malt Parolen an Häuser- und Fabrikwänden: »Die KPD lebt, der Kommunistische Jugendverband lebt.« Im Juni 1933 greift die Gestapo zu. Fünf Monate muss Karl im Konzentrationslager Sachsenburg verbüßen – wegen Verstoß gegen Paragraf 1 der Hindenburg-Verordnung. Die unmittelbar nach dem Reichstagsbrand am 27. Februar 1933 erlassene »Verordnung des Reichspräsidenten zum Schutz von Volk und Staat« setzt die verfassungsmäßigen Grundrechte »bis auf weiteres« aus – bis zum Ende der Nazidiktatur. Die Sachsenburg ist eines der ersten Konzentrationslager der Nazis und Karl gehört zu den ersten Häftlingen. Es liegt in idyllischer Gegend, zu Fuße des gleichnamigen Schlosses, für das Karl kein Auge hat. Er muss Steine brechen.

Nach seiner Entlassung macht Karl unbeirrt weiter. Klebt und malt. Malt und klebt. Und wieder wird er verhaftet. Im November 1934. Diesmal wird es lange, sehr lange dauern, bis er sich wieder einen freien Menschen auf freiem Grund nennen darf. Bei der Abteilung 1 A der Politischen Polizei, die der Gestapo angegliedert wurde, ist er registriert. »Ich hatte allein 13 Vorstrafen aus Weimarer Zeit wegen Preßvergehen. Wenn man in einer Schule oder vor einem öffentlichen Gebäude ein Flugblatt verteilt hat, war das ein Preßvergehen. Der Pförtner oder Portier hat die Polizei gerufen, die nahm dich mit, es gab eine Meldung und man bekam eine Geldstrafe oder drei Tage Gefängnis. Ich habe nur einmal gesessen.«

Die Akten aus Weimarer Zeit werden von der Gestapo gründlich studiert. »Sie kannten jeden Einzelnen von uns.« Das meint die Jungkommunisten in Leipzigs Osten, verstärkt durch die Sozialistische Arbeiterjugend. 130 Mitglieder zählte die widerständige Jugendorganisation, der Karl angehörte. »Das war viel. Dementsprechend hoch fiel die Strafe aus. Ich habe nach elf Monaten Untersuchungshaft sechs Jahre Zuchthaus bekommen.«

Drei Jahre sitzt er in Waldheim ab, weil er noch als jugendlicher Straftäter gilt. Erst ab 21 Jahren ist man damals volljährig und voll straffähig. Später wird die Nazidiktatur auf das jugendliche Alter von Hitlergegnern keine Rücksicht mehr nehmen und erbarmungslos zuschlagen. Auch Karl gibt sie nicht mehr aus ihren Klauen. Er wird ins Emsland geschickt, nahe der Grenze zu den Niederlanden. Er wird ein Moorsoldat. »Mir ist das nicht so schwergefallen wie vielen anderen.

Karl Stenzel als 30-Jähriger

Ich habe nur drei Monate gebraucht, dann habe ich mich an die Arbeit und das Zusammenleben im Emsland-Lager gewöhnt.« Zwölf Kubikmeter Aushub am Tag für einen Drainagegraben – das ist die Vorgabe. Ist das zu schaffen? »Ja«, sagt Karl Stenzel, »weil im Moor kaum Steine waren.«

Eines Tages kommt die Anweisung: »Alle, die wegen Vorbereitung zum Hochverrat verurteilt sind, müssen aus dem Moor raus.« Wegen des beginnenden Krieges. Die Wehrmacht überfällt Polen. Karl wird nach Hamburg-Fuhlsbüttel gebracht. Der »Polen-Feldzug« währt nur drei Wochen, und so wird er bald wieder zurück ins Moor geschickt. Diesmal ins Aschendorfer. »Dort war es ganz anders.« Im Lager 2 von Emsland sind viele Zuchthäusler aus Brandenburg. »In unserer Baracke waren die Hälfte Politische, fast alle Kommunisten. Und die haben das Zusammenleben im Lager so gut organisiert, dass auch die Kriminellen keinen Nachteil hatten.« Es wird geteilt, was über ist. Tabak ist selten. Manche Häftlinge prügeln sich nur, weil sie nichts zu Rauchen haben. »Ich habe als Sportler nicht geraucht und sagte mir: Damit fängst du gar nicht erst an.« Karl gibt seine Ration dem Barackenältesten zur Verteilung. Der war streng. »Er hat nicht geduldet, wenn jemand einen anderen bestohlen hat oder einer sein Brot für Tabak verkaufte. Da hat der Barackenälteste ein ernstes Wort gesprochen.«

Es ist erstaunlich, wie gelassen Karl Stenzel über seine Jahre in Haft spricht. Wo bleibt der heilige Zorn, dass ihm seine Jugend gestohlen worden ist? Es ihm nicht vergönnt war, ein Mädchen, das ihm gefiel, zum Tanz auszuführen. Oder sich mit Freunden zu amüsieren. Seinen Sport weiter zu betreiben. Vielleicht wäre er über Kreisebene hinaus zu Berühmtheit gelangt? »Ich habe den Faschisten ja den Kampf angesagt. Klar, dass die mich dann wegsperrten.« Und er fügt schmunzelnd hinzu: »Ja, die Bäckertochter in unserer Straße hätte mir schon gefallen. Aber ich war ein Arbeiterjunge, immer unter meinesgleichen. Ich stellte keine hohen Ansprüche.«

Aber der Arbeiterjunge strebt nach Bildung. Unter den widrigen Bedingungen der Haft. Im Zuchthaus Waldheim gibt es eine Bibliothek, die von ehemaligen sozialdemokratischen Gefängnismitarbeitern geführt wird. Da gibt es marxistische Literatur. Sie ist nicht offenkundig. Ein Band trägt den Titel »Ausgewählte Lesestücke der politischen Ökonomie«. Da waren Texte der utopischen Sozialisten versammelt und am Schluss das »Kommunistische Manifest« von Marx und Engels. Hitlers Parole, den »Marxismus mit Stumpf und Stiel auszurotten« – in einem seiner Zuchthäuser wurde sie subversiv unterlaufen. »Ich habe die Klassiker nach dem Alphabet gelesen. Ich habe mein Arbeitspensum schnell erledigt, so dass ich pro Tag etwa vier Stunden Zeit für mich frei hatte. Und die habe ich dann mit Lesen verbracht«, erinnert sich Karl Stenzel. Die Wachtmeister kommen ihm auf die Schliche. Ein Häftling muss die vorgeschriebene Zeit arbeiten und kann sich nicht die Freiheit nehmen, den Tag nach eigenem Gutdünken einzuteilen. Doch Karl ist erfindungsreich.

Eine Arbeit in Waldheim besteht darin, Wäscheknöpfe zu stanzen und zu ösen. Heute kann man sich gar nicht mehr vorstellen, dass solche einst aus sieben verschiedenen Teilen bestanden. »Man hatte eine Handmaschine in der Zelle. Die stand auf dem Tisch. Unterm Tisch hatte ich eine Kehrschaufel am Bindfaden, da lag ein Buch drauf. Das habe ich vorgezogen und gelesen, wenn ich glaubte, nicht beobachtet zu werden.« Karl Stenzel lacht. Er freut sich noch heute über seine Erfindung, räumt aber auch ein, erneut des verbotenen Lesens überführt worden zu sein. »Ich bin ein paar Mal in Arrest gegangen. Man musste melden, warum man im Arrest ist. Das sagte ich: ›Häftling 660 – ein Opfer der Wissenschaft.‹ Da haben die gelacht. Und nach einer bestimmten Zeit haben sie gesagt: ›Lass dich nicht mehr erwischen.‹ Die wollten auch nicht andauernd Anzeige machen.«

In den Emslandlagern gibt es keine Bibliotheken, aber viele Genossen aus dem Ruhrgebiet, die von der Revolution 1918/19, dem Märzaufstand 1920 und der Roten Ruhrarmee berichten. »Auf meine Bitte hin erzählten sie, was sie erlebt haben.« Karls Universitäten sind die Gefängnisse und Lager der Faschisten. Er hört Lektionen in Geschichte der Arbeiter- und anderer emanzipatorischer Bewegungen, in Marxismus und wissenschaftlichen Kommunismus. Und mehr noch: Er erfährt Mitmenschlichkeit und Solidarität.

»Ich hatte einmal vier Wochen Arrest, darunter drei Wochen strengen. Da kommt man ausgehungert in seine Zelle zurück. Ich fand ein paar Stücke Rauchfleisch, ein paar Scheiben Brot, Marmelade und Margarine in meinem Schrank.« Fatal allerdings ist, dass Karl sich heißhungrig auf die Gabe seiner Mithäftlinge stürzt. »Ich hatte vier Wochen Leibschmerzen. Der Magen war so empfindlich geworden, da musste man sehr aufpassen.« Und das tut er fortan. Karl achtet auf richtige Ernährung und Sauberkeit, hält seinen Körper fit. »Ich hatte ein schmales Nesseltuch, das ich zu einem Schlafsack zusammengenäht habe. Da bin ich reingekrochen und dann habe ich die Decken drübergelegt. Die Decken konnte man nicht waschen, aber mein Nesseltuch habe ich einmal im Monat gewaschen. So blieb ich am Körper immer sauber. Ich habe nie eine Laus noch Flöhe oder sonst etwas gehabt. Da muss man konsequent sein.«

Es fällt ihm vielleicht leichter, als anderen Häftlingen, »konsequent« zu sein. Denn: »Ich war ein privilegierter Häftling. Erstens war ich Deutscher. Da wurde man besser behandelt als die jüdischen Häftlinge und die sowjetischen Kriegsgefangenen oder die Polen. Und ich war zweitens Funktionshäftling.« In Hamburg-Fuhlsbüttel ist Karl »Tütenvormann« und in Sachsenhausen Elektriker und Kalfaktor für die Essenausgabe. In jenem 1938 in der Nähe von Oranienburg errichteten Konzentrationslager gehört er zu jenen, die im ersten Ring, im Block 1, »der auch für Besichtigungen freigegeben war«, untergebracht sind. »Eine Baracke war für 175 Plätze ausgelegt. Im ersten Ring, wo ich war, waren ungefähr 200 Häftlinge in einer Baracke: Küchenleute, Schreiber und Handwerker. Im dritten und vierten Ring wurden 600 Häftlinge in eine Baracke gepfercht. Das waren auch jene, die die schwerste körperliche Arbeit zu leisten hatten.« Und eben jene hatten in ihren Baracken oft kaum einen eigenen Sitz-, geschweige Schlafplatz und keinen noch so kleinen Schrank, um ihre Sachen in Ordnung zu halten. »Da war es sehr, sehr schwer zu überleben«, sagt Karl Stenzel.

Von Vorteil für ihn in Sachsenhausen war außerdem: »Ich bin eine lokale Größe geworden.« Zum einen kennen ihn einige Häftlinge noch aus der illegalen Arbeit in Sachsen. Und sie wissen, er ist nicht weich geworden unter den Schlägen der SA oder in den Verhören der Gestapo. »Vorher weiß man nicht, wie viel man erträgt. Ich mache niemandem zum Vorwurf, wenn er in Panik verfällt oder die Schmerzen so groß sind, dass er einknickt.« Auch in Sachsenhausen bleibt der Leipziger Arbeiterjunge aufrecht, tritt selbstbewusst Aufsehern und SS gegenüber. Die Solidarität, die er in seinen ersten Haftjahren erfahren hat, gibt er nun selbst weiter. Als Vorarbeiter der Häftlingspoststelle in Sachsenhausen darf er andere Baracke betreten, auch den Krankenbau, was anderen Häftlingen verboten ist. »Dadurch war ich in der Verteilung der Lebensmittel, die wir der SS mausten, eine wichtige Stelle.«

Horst Sindermann, der spätere Vorsitzende des Ministerrates der DDR, der wie Karl zu sechs Jahren Zuchthaus wegen »Vorbereitung zum Hochverrat« verurteilt war und auch aus Sachsen, aus Dresden, stammt, arbeitet als Schreiber im zentralen Lebensmittelmagazin. »Er hat viel für führende SS-Leute schieben müssen. Die waren froh, wenn die Buchhaltung stimmte. Und die hat bei Sindermann immer gestimmt, obwohl er sehr viel auch für uns beiseite schaffte.« Max Reimann aus dem Rheinland, nach dem Krieg Vorsitzender der westdeutschen KPD, ist Suppen- und Soßenkoch bei der SS. »Wenn der zuständige Küchenchef der SS einen Eimer Butter in den Kessel kippte und sich dann entfernte, hat Reimann schnell einen Teil der Butter wieder herausgefischt, bevor alles zerlaufen ist. Alle haben etwas riskiert und keiner hatte Angst oder irgendwelche moralischen Bedenken, so etwas zu machen.«

Eines Tages aber erscheint eine Sonderkommission des Sicherheitsdienstes im Lager. Es liegt der Verdacht vor, die Lager-SS mache krumme Geschäfte mit kriminellen Häftlingen, verschiebe Gold und Wertsachen. Um ihre Haut zu retten, behaupten die »Kriminellen«, es gäbe im Lager eine kommunistische Untergrundorganisation, die nenne sich »Rote Kuh«. Der SD geht der Sache nach und spürt eine kleine Gruppe politischer Häftlinge auf, die einen Radioapparat besitzt und Meldungen von der Front per Handzettel im Lager vertreibt. Die Sonderkommission bildet sich um. Jetzt soll die »kommunistische Gefahr« im Lager zerschlagen werden. 160 Häftlinge werden verhaftet, 27 auf der Stelle erschossen, 102 nach Mauthausen deportiert, darunter Sindermann. Auch Karl gehört zu den Verhafteten in diesem letzten Kriegssommer. Doch ihm ist keine Verbindung zu der Gruppe mit dem illegalen Rundfunkgerät nachzuweisen.

Die letzten neun Monate vor Kriegsschluss ist Karl Vorarbeiter in der Granatenproduktion in Falkensee, einem Außenlager des KZ Sachsenhausen. »Polnische Häftlinge wollten aus religiösen und nationalen Gründen keine Granaten drehen.« Doch ihr Sabotageversuch ist zu offensichtlich. Karl Stenzel erläutert: Der Rohling einer Granate ist mit einer Schicht Schlacke umgeben, die erst einmal geglättet werden muss. Dies geschieht mit einem starken Stahl und dauert etwa fünf Minuten. Ein Pole bricht gleich in der ersten Minute der Hartmetalleinsatz im Schneidestahl aus, die Maschine schneidet nicht mehr, sondern schleift und ist schließlich vollkommen kaputt. »Der Stahl ist nur noch Blumenkohl, so sagten wir dazu, nicht mehr zu gebrauchen, nur noch wegzuschmeißen.« Der Meister tobt: »Das hat der Pole mit Absicht gemacht!« Er schreibt eine Meldung. »Nun kamen die Polen zu mir und fragten: ›Vorarbeiter, kannst du nicht was machen?‹ Ich sage: ›Was soll ich denn da machen?‹« Karl hilft in der Not. Er geht zum Meister und schlägt ihm vor, einen neuen Stahl zu besorgen. »Ich hatte die Möglichkeit. Ich sagte zu ihm: ›Lassen wir doch die Sache ruhen. Der ist wahrscheinlich eingeschlafen.‹ Der Meister wiederholte: ›Nein, das hat der mit Absicht gemacht. Ich muss Meldung machen.‹«

Wenn Sabotage gemeldet wurde, kam der Galgenwagen aus Sachsenhausen. Vor versammelter Mannschaft wird dem Delinquenten die Schlinge um den Hals gelegt und sein Verbrechen verlesen. Karl kann nicht anders, er muss Klartext reden. »Ich konnte nicht anders. Ich sagte zum Meister: ›Sie müssen auch an sich denken. Sie bekommen natürlich ein Lob für ihre konsequente Haltung. Der Junge wird aufgehängt, und sie bleiben hier. Und was denken Sie, was passiert, wenn der Krieg aus ist? In drei oder vier Monaten. Hier, an dieser Maschine hängen die Sie auf. Die warten nur darauf.‹ Der hat kaum noch Luft gekriegt.« Karl weiß, seine Drohung ist heftig. Aber es geht gut. »Der Meister ist mir den ganzen Tag nicht vom Hacken gegangen, hat immer wieder beteuert, dass er keine Meldung gemacht hat.«

Dennoch, Karl ist sauer. Er beschwert sich beim illegalen Lagerkomitee: »Wenn ihr eure Leute nicht in Griff habt und die machen solche Dummheiten, wieso muss ich mein Leben riskieren?« Das Komitee gibt die Weisung aus: keine individuelle Sabotage mehr, nur mit Stenzels Genehmigung.

Karls Aufgabe ist es, die Arbeitskommandos einzuteilen. Er kennt jede Maschine, kann jede bedienen und weiß, wo sie empfindlich ist. Die Herstellung einer Granate erfolgt in fünf Arbeitsgängen, an fünf hintereinander aufgestellten Maschinen. In den Rhythmus der Produktion gilt es einzugreifen. Karl Stenzel hebt die Hände – und lässt die Fäuste auf den Tisch knallen. Stauchen, drücken, stanzen. Das Wohnzimmer verwandelt sich in eine imaginäre Werkhalle. Die einzelnen Arbeitsschritte hat der 95-Jährige nicht vergessen. Und dann erzählt er, wie er sich damals im Warenmagazin von Falkensee vom dort beschäftigten Polen den Kasten mit den Stahlstäben zeigen ließ. »Der Stahl ist falsch geschliffen«, verfügt Karl und malt mit Kreide ein Kreuz auf den Kasten. »Der geht zurück ins Hauptmagazin.« Ein Stahlstab hält maximal zwei Stunden, dann muss er ausgewechselt werden. Und wenn kein Ersatz da ist, stehen alle Maschinen still. Karl Stenzel lacht. Es ist ihm noch heute eine innere Freude, wenn er daran denkt, wie er dem Ingenieur Zorn über die Arbeitsunterbrechung vorspielte: »Was ist das für eine Schweinerei, nicht einmal genügend Stäbe sind vorrätig.«

Ein anderes Beispiel: Wenn die Granathülsen fertig gestanzt und geschliffen sind, werden sie in einem Farbkarussell gespritzt. Grüngrau. Sechs ältere Franzosen sind damit beschäftigt. Der Ingenieur verspricht ihnen einen Kessel Essen zusätzlich, wenn sie bis zum Abend so viele Granaten fertig gespritzt haben, dass der bereitstehende Wagen auf dem Anschlussgleis voll beladen ist. Karl lässt die Häftlinge in der Werkhalle wissen, dass er Felix sprechen möchte; wenn jemand ihn zu Gesicht bekommt, soll er ihn zu ihm schicken. Felix ist Franzose und fährt den Elektrokarren. »Felix kam und ich sagte ihm, was ich vorhatte. Er sagte: ›Klar, kann ich machen.‹« Felix fährt zu seinen Landsleuten: »Das ist die falsche Farbe.« Er lädt die Töpfe auf und fährt sie weg. Er kommt nicht wieder und ist nicht aufzutreiben. Die Arbeit ruht. Der Ingenieur schimpft. Aber was sollen die Franzosen machen, wenn keine Farbe mehr da ist. Karl bedauert laut: »Das ist ja schade um das Essen, das Sie denen versprochen haben. Sie haben es ja gut gemeint.« Der Ingenieur lässt sich umschmeicheln: »Na klar kriegen die ihr Essen.«

Karl könnte zufrieden sein. Ist er aber nicht. Sein Stolz ist verletzt: Wie kann man sich von einem Nazi mit einer Extraportion Essen korrumpieren lassen?! Er verlangt vom internationalen Lagerkomitee, die sechs Franzosen abzulösen, durch zuverlässigere und jüngere Leute zu ersetzen. »Der Vertreter der Franzosen im Komitee, auch ein Vormann, war natürlich sehr bedrückt: ›Das sind alte Leute, wir wissen ja gar nicht, wo wir die unterbringen können. Jede andere Arbeit ist zu schwer für sie. Könnte man denn nicht ausnahmsweise...‹« Auch Reimann weist Karls Forderung als zu hart zurück: »Die werden das bestimmt nicht noch einmal machen.« Karl sieht ein, dass er ungerecht war. Und schließlich lockt ja auch er mit Versprechungen auf zusätzliche Rationen. Aber das ist etwas anderes, denn seine Verheißungen sollen die Kriegsproduktion stören, nicht fördern.

Mit den Russen ließ es sich gut sabotieren, erinnert sich der Veteran. Eine Matrize schafft am Tag 600 Granaten. Eine gute Tagesproduktion. Karl verspricht seinen Russen: »Wenn ihr statt 600 heute 1000 drückt, dann kriegt ihr eine Zusatzportion Essen, da kümmere ich mich drum.« Die Kriegsgefangenen wissen: Wenn der Karl das sagt, steckt etwas dahinter. Sie streben das vorgegebene Ziel an. Mit vollem Erfolg: Die überstrapazierten Matrizen beschädigen die Rohlinge. Ausschussware. Keine Granaten für Hitler und seine Bande.

Derweil Karl sich weitere Sabotagevarianten überlegt, rollt die Front näher heran. Im Lager Falkensee bildet sich ein Befreiungskomitee, das Aufstandspläne schmiedet. »Weil wir uns nicht in letzter Minute noch umbringen lassen wollten.« Auch Karl bekommt ein Kommando übertragen. Zu diesem gehören 175 Häftlinge, ein Drittel Franzosen, ein Drittel Russen und ein Drittel Polen. »Die haben auf mich gehört. Bis auf die Russen. Sie hatten ihre eigene Militärorganisation. Sie haben uns nur informiert, dass sie mitmachen, aber die standen nicht unter unserem Befehl.« Klar für Karl: »Für die Russen war die bewaffnete Selbstbefreiung noch wichtiger als für uns.« Eine Frage der Ehre. Denn Stalin hatte verkündet, es gibt keine sowjetischen Kriegsgefangenen, nur Überläufer.

Karls Kommando soll 25 SS-Leute entwaffnen. Aber wie, ohne Waffen? Die Häftlinge haben nur Stich- und Hiebwaffen. Karl versucht vergeblich, Uhren und Schmuck bei Zivilarbeitern gegen Waffen zu tauschen. »Die hatten alle Angst. Ich hatte mir das leichter vorgestellt.«

Den Aufstandsplan entwirft ein französischer Hauptmann. Er kalkuliert auch die eigenen Verluste. Er rechnet mit ungefähr 300 Toten. »Bei insgesamt 1600 Häftlingen wäre das ein vertretbares Risiko gewesen.«

Und dennoch erscheint das geplante Unternehmen höchst abenteuerlich. Wohin sollen sich denn die Häftlinge wenden, wenn sie sich befreit haben? Die Nähe der Reichshauptstadt ist eine immense Gefahr.

Reimann sucht den Lagerkommandanten auf. Der war zuvor technischer Offizier auf einem Flugplatz gewesen, den es nicht mehr gibt, weil es keine Flugzeuge mehr gab. Reimann redet auf den Kommandanten ein: Wenn der Befehl zur »Evakuierung« des Lagers komme, sollte dieser sich nicht dazu hinreißen lassen, die Häftlinge zu erschießen. Im Gegenzug würden sie später für sein Leben bürgen. Der Kommandant geht auf den Vorschlag ein. »Selbst die SS war in diesen letzten Kriegswochen verunsichert«, sagt Karl Stenzel. Aber man musste trotzdem vor ihr auf der Hut sein. »Wenn Berlin drei Tage lang bombardiert worden ist, haben die uns Flugblätter der Alliierten gegeben. Wenn drei Tage lang kein Bombardement war, dann waren sie wieder oben auf und hätten uns alle am liebsten sofort erschossen.«

Am 21. April 1945 kommt der Befehl: Das Lager wird »evakuiert«. Eine kleine Häftlingsdelegation – »ein Franzose, ein Pole und Reimann« – spricht beim Kommandanten vor und verspricht, dass alle Häftlinge am Ort, im Lager Falkensee bleiben, wenn er mit seinen Männern abzieht. Die SS zieht ab. Die Front ist nur noch anderthalb Kilometer vom Lager entfernt. Nach fünf Tagen können die Häftlinge die ersten sowjetischen und polnischen Soldaten begrüßen.

Hat Karl Stenzel einstige Leidensgefährten aus anderen Ländern später wieder getroffen? Ja, seine Russen. Schon wenige Wochen nach der Befreiung. In Leipzig. Karl saß in der Straßenbahn, da kamen zwei Männer auf ihn zu. Der eine begrüßte ihn: »Du, Vorarbeiter.« Karl erkannte ihn nicht sofort. Doch dann schilderte jener seinem Begleiter einen Vorfall in Falkensee. »Mein Lagerrussisch war ausreichend, um zu verstehen.« Karl Stenzel erinnerte sich: Eine Stauchpresse war ausgefallen und musste repariert werden. Der Stempel war defekt. Der Meister hätte warten müssen, bis eine Leiter herangeschafft war, um an das kaputte Teil zu gelangen und es auszuwechseln. Das wollte er nicht und zwang einen jungen Russen hinaufzuklettern. Der rutschte ab, fiel runter, die Stanze auf ihn – sein Brustkorb brach. »Ich war so wütend. Ich konnte mich nicht beherrschen und schrie den Meister an: ›Das werden Sie später mal bezahlen müssen. Ihre ganze Scheißproduktion ist uns nicht den kleinen Finger eines Häftlings wert!‹« Das haben alle Häftlinge in der Arbeitshalle gehört. Und das ging wie ein Lauffeuer im Lager herum: Der kleine Karl… ganz groß. Er hatte Courage bewiesen. Nicht das erste und nicht das letzte Mal.

Karl Stenzel, geboren am 23. April 1915, durchlitt in der NS-Zeit die Zuchthäuser Waldheim und Fuhlsbüttel, das Emslandlager und das KZ Sachsenhausen. Befreit wurde er im Außenlager Falkensee. 1945 im Leipziger Antifa-Ausschuss tätig und Jugendsekretär bei der KPD-Kreisschule, wurde er später Jugendsekretär beim Freien Deutschen Gewerkschaftsbund (FDGB), besuchte die Parteihochschule in Kleinmachnow und war sieben Jahre Parteisekretär an der Hochschule des FDGB in Bernau. Von 1960 bis 1963 vertrat er als Diplomat die DDR in China. Anschließend absolvierte er ein Fernstudium an der Karl-Marx-Universität in Leipzig und wurde Leiter der Hauptabteilung Kader und Ausbildung in der Staatlichen Zentralverwaltung für Statistik. Seit 25 Jahre ist er ehrenamtlicher Leiter der Lagerarbeitsgemeinschaft Sachsenhausen.

Der Spanienkämpfer

Fritz Teppich über Erfahrungen mit altem und neuem Nationalismus

Er ist ein streitbarer Zeitgenosse. Ob es um ungesühnte NS-Verbrechen geht, um die Namen von Hitlergenerälen an Kasernen der Bundeswehr, Wiedergutmachung der Opfer des deutschen Faschismus, der Verfolgten und Enteigneten wie die Kempinskis oder rechtsextremistische Tendenzen und neonazistische Gewalttaten in der Bundesrepublik – Fritz Teppich schweigt nicht, schreibt Petitionen, beruft Kundgebungen ein, demonstriert. Erst mit über 90 Jahren tritt er – gezwungenermaßen – etwas kürzer. Der Berliner Jude hat seine Erfahrungen mit Nationalismen verschiedener Art gemacht, die schlimmsten mit dem deutschen Nationalismus.

Sie entstammen einer großbürgerlichen jüdischen Familie. Ihre Urgroßmutter war eine Wertheim, gehörte zur berühmten Kaufhausdynastie. Wie kam es, dass Sie Kommunist wurden?

Ich bin in Spanien Mitglied der dortigen KP geworden und erst in Frankreich der Kommunistischen Partei Deutschland. Zuvor war ich im belgischen Exil in der sozialistischen Bewegung. Und Mitte der 20er Jahre gehörte ich im Deutschland der Weimarer Republik den Roten Pfadfindern an. Ich habe erlebt, dass Kommunisten die entschiedensten Gegner des Faschismus waren. Und auch für uns Juden stritten. Das hat mich für sie eingenommen.

Fühlten oder fühlen Sie sich in erster Linie als Kommunist oder als Jude?

Ich bin ein jüdischer Kommunist. Ich bleibe Jude, solange es Antisemiten gibt. Vor allem aber bin ich Kommunist.

Und fühlen Sie sich immer noch als Deutscher, nach dem, was im Namen des deutschen Volkes den Völkern Europas und den Juden, auch Ihrer Familie, angetan worden ist?

Ich bin Deutscher und zugleich Angehöriger des jüdischen Volkes. Ich kann das nicht abstreifen wie ein zu eng gewordenes Kleidungsstück. Oder, weil es mir nicht mehr gefällt.

Wie definieren Sie Ihr Judentum?

Juden sind normale Menschen, ebenso unterschiedlich oder gegensätzlich orientiert wie andere. Es gibt Nichtgläubige wie mich und Gläubige verschiedenster Observanz, Wohlhabende und Arme, Linke wie Rechte, Internationalisten und Nationalisten, Intelligente und Dumme. Wir sind normale Menschen, was manche, so oder so, allerdings leugnen.

Was heißt »so oder so«?

Juden werden von Antisemiten als eine Art Untermenschen verleumdet und von Philosemiten zu höheren Wesen umgedeutet. Beides läuft auf Ausgrenzung hinaus. Antisemitismus und Philosemitismus sind im Grunde zwei Seiten der gleichen Medaille.

Ich bin kein Hofjude. Und wenn ich miterleben muss, wie hierzulande einige Juden sich dazu bereit finden, vergangenheitsverwobene Obrigkeiten wortliberal zu decken wie im Fall der Umwidmung der Neuen Wache Unter den Linden in Berlin, wo Unterschiede einebnend und verfälschend nun aller Opfer von Gewaltherrschaft und Kriegen gedacht werden soll, so finde ich das verwerflich. Die sich zur Rechtfertigung solcher geschichtsrevisionistischen Akte hergeben, sollten bedenken, wohin einstiges Hofjudentum oder – wie unter Hitler – Mitgliedschaft in Judenräten geführt hat.

Aber die Mitglieder der Judenräte sind selbst Opfer deutscher Antisemiten gewesen.

Sie haben zunächst den Mördern bei deren blutigem Handwerk geholfen, haben kollaboriert, bei der Selektion in den Ghettos Handlangerdienste geleistet. Als sie dann nicht mehr benötigt wurden, sind auch sie ins Gas geschickt worden.

Aber sie konnten doch nicht anders, sie waren nicht Herr ihrer Entscheidungen.

Man kann immer anders. Es gehört jedoch Mut dazu.

Sie sind ein Kind der deutschen Novemberrevolution – war Ihnen damit bereits in der Wiege Rebellentum mitgegeben?

Ich bin kein Anhänger des Okkultismus oder mystischer Vorzeichen. Ja, ich bin in den Hochtagen der Novemberrevolution 1918 in Berlin-Westend, Rüsternallee 33, zur Welt gekommen. Aber das ist auch alles.

Eine nobles Viertel in der deutschen Hauptstadt.

Fritz Teppich

Meine Eltern waren, wie bereits gesagt, liberale Großbürger. Meine Urgroßeltern väterlicherseits hatten schon Anfang des vorigen Jahrhunderts in Anklam preußische Bürgerrechte erhalten. Meine Mutter, eine in Berlin geborene Itzig, war in erster Ehe mit dem früh gestorbenen Dr. Sigismund Rahmer verheiratet, einem Arzt mit Armenpraxis in Kreuzberg, der zugleich Kleistforscher war. Dr. Rahmer war entschiedener Verfechter der Assimilation. Er war der Meinung, dass Beharren einer Minderheit auf Anderssein, zumal gestützt auf eine besondere Religion, immer wieder zu ernsten bis tragischen Konflikten führe. Deshalb plädierte er für allmähliches, gewolltes Aufgehen in der Mehrheit.

Der Wunsch nach Assimilation erfüllte sich in Deutschland jedoch nicht.

Als ich Mitte der 20er Jahre nahe dem heutigen Theodor-Heuss-Platz eingeschult wurde, sah ich mich virulentem Rassenhass seitens bürgerlicher Mitschüler und kleinbürgerlicher Lehrer ausgesetzt. Obwohl ich blond, kräftig und ziemlich germanisch aussah, war ich nur »der Itzig«. So lautete zwar tatsächlich der Geburtsname meiner Mutter, aber wenn man nur noch »der kleine Knoblauch-Jude« gerufen wurde, war das sehr diskriminierend. Das war eine fürchterliche Erfahrung für mich, einen bislang wohlbehütet aufgewachsenen Knaben.

Woraufhin Sie sich der jüdischen Jugendorganisation anschlossen. Als Selbstschutz und Stärkung des Selbstbewusstseins?

Ja, ich trat dem Pfadfinderbund Kadimah voller Hoffnung bei, glaubte dort gute, vorurteilsfreie Kameraden zu treffen. Bald stellte sich aber heraus, dass der Bund zionistisch ausgerichtet war. Zionismus galt damals unter den meisten deutschen Juden als extremistische Randerscheinung, so auch in unserer Familie. Man wollte deutsch sein und keineswegs »in die Wüste« auswandern. Das Gros der kleinbürgerlichen und bürgerlichen Juden fühlte sich mehr oder weniger durch den »Centralverein deutscher Staatsbürger jüdischen Glaubens« vertreten. Der Name besagt schon alles. Mich jedenfalls, geprägt durch mein liberales Elternhaus, hat die aggressive Indoktrination im Kadimah abgestoßen.

Was war denn an dieser aggressiv?

Schon die Parole: »Für ein Volk ohne Land ein Land ohne Volk!« Das war natürlich eine Lüge, denn Palästina war besiedelt, mehrheitlich von Arabern, aber auch von einer Minderheit Juden. Im Kadimah hörte ich: »Araber sind keine Menschen!« Wieso sind Araber keine Menschen, fragte ich mich. Und warum diese plötzliche

Feindschaft? Haben im Gelobten Land nicht Araber und Juden Jahrhunderte lang gut nebeneinander gelebt?

Haben Sie über Ihre Zweifel mit anderen Gleichaltrigen gesprochen?

Einem unserer Führer fiel mein Unbehagen auf. Er war nur wenige Jahre älter als ich und sah die Ausrichtung unseres Bundes, wie er mir später anvertraute, mit zunehmender Sorge. Nach und nach erfuhr ich von ihm, Zionismus sei im Grunde nichts anderes als jüdischer Nationalismus, also eine Perversion des durch die bürgerliche französische Revolution geadelten Nationalen. Nur wenn für Benachteiligte und Unterdrückte, wie auch immer, eine annähernd gerechte Ordnung erkämpft wäre, würden Minderheiten, darunter wir Juden, in Sicherheit leben können – meinte er.

Sicher gab und gibt es bei allen Völkern Nationalismus, aber der deutsche Nationalismus hat alle anderen Nationalismen an Grausamkeit und Perversion in den Schatten gestellt.

Ja. Doch jeder sollte, das habe ich im jüdischen Religionsunterricht gelernt, erst vor der eigenen Tür kehren. Auch aus Respekt vor unseren von deutschen Faschisten Ermordeten kann ich die in und um Israel zur Tagesordnung gehörenden, oft blutigen Unterdrückungsmaßnahmen gegen die Palästinenser nicht schweigend hinnehmen. Ich befinde mich da im Einvernehmen mit vielen anderen Juden, beispielsweise mit dem großen israelischen Gelehrten und Religionsphilosophen Yeschajahu Leibowitz, der die israelische Politik der Annexionen und der Besiedlung palästinensischer Gebiete scharf kritisiert hatte.

Nationalismus, egal welcher Art, stellt für Sie ein Urübel dar?

Im Laufe meines langen Lebens habe ich Nationalismus verschiedenster Schattierungen als eine der schlimmsten Verirrungen und Plagen der Menschheit kennen gelernt. Ich habe die Deutschnationalen erlebt, die Stahlhelmer und die Hitleristen; dann in Frankreich die Feuerkreuzler, in Belgien die Rexisten und in Spanien Falangisten. Überall führte Nationalismus, so unterschiedlich er sich in einzelnen Facetten auch zeigte, letztlich ins Abseits oder gar, wie in Deutschland, in tiefste Abgründe und größte Schande.

Aber hat jüdischer Nationalismus in seinem historischen Ursprung nicht doch einen verständlichen, legitimen Ansatz?

Er wurde von seinen bürgerlichen Schöpfern in einer Epoche entwickelt, die durch Pogrome im Zarenreich und in Frankreich sowie die Dreyfus-Affäre geprägt war. Auf der Suche nach Sicherheit und Heimat führte jedoch auch jüdischer Nationalismus nahezu unweigerlich zu Aggressivität, Gier nach fremden Territorien, zur Verdrängung anderer Menschen.

Als deutscher Staatsbürger habe ich mich stets gegen deutschen Nationalismus eingesetzt. Darf ich da das Verhängnisvolle des jüdischen Nationalismus übersehen? Nein. Und deshalb kann die Parole »Recht oder Unrecht – mein Vaterland« nie die meinige sein, auch wenn Israel mein Vaterland wäre. Ablehnung oder Verurteilung des Zionismus ist ebenso wenig antisemitisch wie – bei allem Unterschied – Antinazismus antideutsch war oder ist.

Sie haben sich also vom Kadimah abgewandt...

... wegen seiner aggressiven Leitsätze und den Kriegsspielen, die sich lediglich durch das Vorantragen blau-weißer Fahnen vom Gebaren der deutsch-nationalistischen Pfadfinderbünde unterschieden.

Ganz anders war die Atmosphäre bei den Roten Pfadfindern. Dort gehörte ich zur Gruppe unter Franz Krahl, ebenfalls ein Jude, der mit den späteren jüdischen Widerstandskämpfern Marianne und Herbert Baum befreundet war. Franz wurde früh von den Nazis eingekerkert, konnte aber Mitte der 30er Jahre nach England entkommen und war nach dem Krieg Redakteur im »Neuen Deutschland«.

Sie haben nicht so lange in Nazideutschland ausgeharrt. Sie sind früher geflohen.

Dank der Weitsicht meiner Mutter, die schon am 1. April 1933, zum so genannten Judenboykott, meinte: »Das ist schlimm und wird noch viel schlimmer werden!« Sie hat meinen etwas älteren Bruder Hans und mich – ich war damals 14 Jahre alt – nach Paris in eine Kochlehre geschickt. Die habe ich im Hotel »Regina« absolviert. Mit dem Gesellenbrief und einer Empfehlung von Kempinski in der Tasche, ging ich dann nach Belgien, wo ich im Hotel »Ardennenschloss« arbeitete.

Wie sind Sie mit den Kempinskis verwandt?

Über meine Halbschwester Melanie, aus der ersten Ehe meiner Mutter. Mela hat den einzigen Sohn von Gerhard Kempinski geheiratet. Sie sind Mitte der 30er Jahre nach England emigriert und das Familienoberhaupt in die USA, wo er jedoch alsbald unter mysteriösen Umständen starb. 1937 hat sich die »arische« Konkur-

Fritz, Helmut und Hans Teppich (v.l.n.r.) vor dem Haus der Teppichs in der Rüsternallee 33 in Berlin-Westend

renz in Gestalt von NSDAP-Mitglied Herrn Aschinger die Restaurants samt dem Wein- und Delikatessenhandel der Kempinskis unter den Nagel gerissen. Der mörderische deutsche Antisemitismus war auch und vorrangig wirtschaftlich interessiert. Erst wurden die Juden enteignet und beraubt, dann als Sklavenarbeiter ausgebeutet und schließlich hat man sich noch an den Ermordeten bereichert, den Vergasten Goldzähne ausgebrochen und sogar noch ihre Haare und Knochen verwertet. In deutscher Gründlichkeit.

Deshalb konnte ich auch nicht schweigen, als nach dem Krieg das Unrecht an den Kempinskis, die »Arisierung« unter Hitler Co., staatlich sanktioniert wurde. Ein hitlerverwurzelter Hotelkonzern ist so unverschämt, unter altem, klangvollem Firmennamen der Enteigneten, Verfolgten und Verjagten weltweit profitable Geschäfte zu machen. Es hat Jahrzehnte gedauert, bis wenigstens eine Gedenktafel am Kempinski-Hotel in Berlin angebracht wurde.

Dank Ihrer beharrlichen Proteste.

Für mich ist das nur ein scheinheiliges Feigenblatt. Meine Schreiben an die diversen staatlichen Behörden und sogar an das Bundespräsidialamt mit der Forderung nach Rücknahme der »Arisierung« blieben ignoriert.

Ihre Halbschwester Mela, Sie und ihr Bruder Hans überlebten den Holocaust…

Unsere Mutter und mein jüngster Bruder Helmut nicht. Sie konnten zwar nach der Reichspogromnacht in die Niederlande emigrieren, wurden dort aber 1940 von der Wehrmacht eingeholt, deportiert und deutsch-staatlich ermordet.

Zu der Zeit befanden Sie sich in Portugal, nach einer Flucht im Zick-Zack durch Europa – und nach drei Jahren Spanienkrieg. Wie sind Sie eigentlich nach Spanien gelangt?

Während ich in Belgien als Koch-Geselle arbeitete, hörte ich im Radio vom Ausbruch der Meuterei der Generale gegen die junge, parlamentarische Republik. Ich erkannte sofort, dass in Spanien eine erste große Entscheidungsschlacht gegen den Faschismus bevorstand. Und da wollte ich mit dabei sein. Anfang September 1936 folgte ich einer Gruppe junger belgischer Sozialisten ins Baskenland. In aller Welt spürten Millionen Menschen, dass in Spanien entscheidende Weichen gestellt würden. Mit der Verteidigung der Volksfrontrepublik hofften wir, die von Deutschland und Italien nach allen Seiten überschwappende braune Welle abblocken und einen zweiten mörderischen Weltkrieg verhindern zu können. Ich wusste natürlich, dass dies kein Spaziergang sein würde. Ich bin nicht mit

Illusionen nach Spanien gegangen, sondern auch mit der Angst, es könnte nicht gelingen, die faschistische Welle zurückzuwerfen.

Die Hoffnung hat sich nicht erfüllt. Worin sehen Sie die Gründe für die Niederlage der Spanischen Republik?

Es gibt drei Hauptgründe. Erstens: Die Generalsmeuterei vom 18. Juli 1936 mit straff organisierten Truppen, Fremdenlegionären, maurischer Kolonialsoldateska traf Spaniens Völker unvorbereitet. Zweitens: Intern gab es auf Seiten der von Liberalen bis zu Anarchisten breit gefächerten Verteidiger der Republik sehr verschiedene Auffassungen und entsprechende Schwierigkeiten. Es kam im Mai 1937 in Barcelona zu einem Aufstand, im Rücken der Front. Ich weiß, wie viel Irreführendes darüber im Ausland verbreitet wurde und heute noch verbreitet wird. Aber es ist Fakt, dass dieser Aufruhr im Hinterland der Sache geschadet hat. Die faschistischen Einheiten waren nicht nur erstklassig ausgebildet und erstklassig ausgerüstet, sondern auch diszipliniert und wurden zentral geleitet. Schon dadurch waren sie uns überlegen. Wir setzten uns immer noch auseinander, stritten weiter über Miliz oder Armee. Jeder wollte etwas anderes. Das hat uns geschwächt. Wir haben zwar trotzdem nicht daran gezweifelt, dass wir den Krieg gewinnen. Aber drittens und letztlich entscheidend für die Niederlage der Spanischen Republik war die rücksichtslose Intervention Deutschlands und Italiens nebst Kolonialtruppen mit insgesamt über 200 000 Mann. Dagegen zählten die Internationalen Brigaden insgesamt höchstens 40 000 Angehörige, im Jahr durchschnittlich nie mehr als 15 000 bis 18 000. Hinzu kam die so genannte Nicht-Einmischungspolitik von Großbritannien und Frankreich.

Und warum unterstützten die Hauptmächte der westlichen Demokratie in Europa, Frankreich und Großbritannien nicht, den antifaschistischen Abwehrkampf in Spanien? War das politische Blindheit?

Die Nichtintervenen einte mit den faschistischen Intervenen die Furcht vor einer fortschrittlichen Entwicklung in Europa. Sie fürchteten das Vorbild der Umwälzungen in Spanien. Und diese Furcht führte zum Komplott von München. Chamberlain, Hitler, Daladier und Mussolini haben im September 1938 in der bayerischen Hauptstadt eine auf Ausgleich zielende Strategie vereinbart, das Münchener Abkommen. Es gab den deutschen Faschisten den Weg nach Osten frei. Chamberlain hoffte, Deutschland und die UdSSR würden sich in einem Krieg gegenseitig zerfleischen. Moskau nahm schließlich Zuflucht zum Nichtangriffspakt mit Berlin. Hitler rechnete fest damit, London und Paris würden Gewehr bei

Fuß stehen bleiben. Und in der Tat gab es erst einmal, trotz des heimtückischen Überfalls auf Polen, einem Land, mit dem Frankreich und Großbritannien Beistandspakte geschlossen hatten, seitens des Westens nur den »drôle de guerre«, den »merkwürdigen Krieg«. London und Paris gefielen sich im Stillhalten. München und die Niederwerfung der Spanischen Republik hatten weitreichende, epochale Bedeutung.

Sie waren bis zum letzten Tag des Spanienkrieges, dem 31. März 1939, dabei?

Ja. Anfangs war ich in San Sebastian im liberalen Milizbataillon »Azaña«, schließlich im XXII. Armeekorps Adjutant des katholisch strenggläubigen baskischen Korpskommandeurs Ibarrola, dann in dessen Generalstab. Ich war bei Teruel dabei. Und ich habe das deutsch-faschistische Bombardement von Gernika miterlebt. Ich hatte meine Kanone gen Himmel gerichtet, aber die deutschen Flugzeuge kamen übers Meer. 1400 Menschen starben an diesem Tag, am 26. April 1937 in Gernika. Es war Markttag, also viel Trubel. Ich habe meine Freundin gesucht, ich habe sie nicht gefunden und nie wiedergesehen.

Auch wegen dieser persönlichen Erfahrung kann ich jene nicht verstehen, die wegen der Schließung des Flughafens Tempelhofs in Berlin Tränen vergossen. Von hier aus starteten 200 deutsche Junkers nach Spanisch-Marokko. Die ersten Ju 52 hoben im Juli 1936 ab, knapp eine Woche nach dem Putsch der Generale um Mola und Franco. Tempelhof ist ein Mahnmal dieser schändlichen Waffenhilfe. Die Luftbrücke des US-Generals Clay 1948/49, der man in Tempelhof über Jahrzehnte rührselig gedachte, war nicht die erste in der Geschichte. Zuvor hatten Hitlers Flieger den spanischen Meuterern geholfen, von Nordafrika auf die Iberische Halbinsel überzusetzen. Dies geschah nicht uneigennützig. Damit begann Hitler den Zweiten Weltkrieg, seine Großmachtpolitik – die dann, wie wir wissen, im Bombenkrieg gegen Deutschland endete.

Wie erlebten Sie das Ende der spanischen Volksfrontrepublik?

Unser XXII. Armeekorps stand zuletzt an der Front vor Valencia. Wir wurden dann nach Alicante beordert. Dort sollten britische Kriegsschiffe uns abholen. Tausende Menschen warteten im Hafen, es war das reinste Chaos. Statt rettender britischer Schiffe kam ein Kriegsschiff der Francisten, und auf der Landseite preschten motorisierte Italiener an. Wir saßen in der Falle. Von der Guardia Civil, die sich auf die Seite der Sieger geschlagen hat, wurden wir auf ein offenes Feld am Rande der Stadt eskortiert. Ich dachte nicht daran zu warten, was nun mit mir geschehen wird, und beschloss zu fliehen. Es gelang mir. Ich durchquerte Spanien in wochenlangem Fußmarsch, nachts über Landwege, immer auf der Hut, nicht faschistischen Garden in die Hände zu fallen. Als ich nahe San Sebastian die Grenze zu Frankreich überschreiten wollte, wurde ich gefasst. Ich gab mich als Spanier aus, der wie Tausende andere seine Familie suche.

Und das wurde Ihnen abgenommen?

Ja, ich sprach fließend Spanisch. Ich wurde zum »Preso Gobernativo«, wozu ungeklärte leichte Fälle gehörten, erklärt und ins provisorische Gefängnis »Zapatari« gesteckt. Als ich dort bei Außenarbeiten eingesetzt wurde, konnte ich mit einem Kameraden fliehen und mich nach Frankreich und von dort nach Belgien durchschlagen.

Konnten Sie denn dort als de facto Staatenloser Arbeit und Unterkunft finden?

Ja, vor allem mit Hilfe der sozialdemokratischen Parlamentsabgeordneten Isabel Blume. Aber als dann am 10. Mai 1940 die deutsche Wehrmacht Belgien überfiel, mussten sich alle Angehörigen von Feindesstaaten stellen, auch Antifaschisten. Wir, in der Mehrzahl jüdische Asylanten und politische Exilanten, wurden nun zusammen mit Auslandsnazis in einem Güterzug nach Frankreich abtransportiert. Und dort landete ein Teil von uns im Camp du Vernet, Département Ariège.

Das muss für Sie eine Zumutung gewesen sein, mit Nazis in einem Zug?

Schlimmer war: Während die Auslandsnazis unmittelbar nach dem deutsch-französischen Waffenstillstand freigelassen wurden, hat man uns, 120 Juden aus Deutschland und Österreich, weiterhin festgehalten, ebenso einige bürgerliche Hitlergegner und sechs Spanienkämpfer. Schließlich wurden alle Offiziere – und dazu gehörte ich seit Spanien – nach Agen zwangsüberführt und der 308. Kompanie ausländischer Arbeiter zugeordnet, der Compagnie de Travailleurs Étrangers. Wir arbeiteten bei Bauern oder in Forsten. Als wir Juden im Spätsommer 1942 zur Arbeit in den deutsch besetzten Osten geschickt werden sollten, bin ich wieder geflohen. Dadurch bin ich der einzige aus meiner Gruppe bei den Travailleurs Étrangers, der Auschwitz entkommen ist.

Aber wohin konnten Sie sich wenden? Europa war faschistisch okkupiert. Höchstens die neutrale Schweiz…

Die Schweiz kam nicht in Frage. Ich wusste, von deren bestausgebildeten Grenzwachen drohte sofortige Auslieferung an die Deutschen. Portugal schien mir das einzige Land, in dem ich eventuell überleben könnte.

Aber Portugal stand doch auch unter autoritär-faschistischer Knute, unter der Diktatur von Salazar, der mit den Francisten paktiert hatte?

Aber es gab dort etliche Hilfskomitees. Portugal war zuletzt als angeblich neutrales Land für viele Emigranten, ob politisch oder rassisch Verfolgte, der letzte Fluchtpunkt. Das kleine Land war geradezu überlaufen. Die einen hofften von hier aus in die USA oder nach Lateinamerika, manche auch nach Nordafrika auszureisen. Andere wie ich »überwinterten« hier, hoffend auf das baldige Kriegsende.

Erich Maria Remarque beschreibt die Situation der Emigranten in Portugal in einem seiner Romane, »Die Nacht von Lissabon«, sehr anschaulich. Er ist nach dem Krieg nicht nach Deutschland zurückgekehrt. Warum Sie?

Auch mein Bruder Hans hat mich beschworen, nicht ins Land der Massenmörder zurückzukehren. Ich hielt dies aber für meine Pflicht. Deutschland, mitten in Europa gelegen, durfte nicht den Ewiggestrigen überlassen werden. Zumal mir trotz der Trümmerwüste, die ich bei meiner Rückkehr vorfand, bewusst war, dass dieses Land bald zu alter wirtschaftlicher Stärke zurückfindet und damit auch die politischen Ambitionen wieder steigen.

War es für Sie einfach, nach Deutschland zurückzukehren? Vielen Emigranten wurden etliche Hindernisse in den Weg gelegt, um sie an einer Rückkehr zu hindern.

Das habe ich selbst erlebt. Lange hatten die britische und die US-amerikanische Vertretung in Lissabon uns deutschen Antifaschisten, ob Juden oder Nichtjuden, die Rückkehr zu verwehren versucht. Doch dann mussten sie nachgeben. Wir wurden im Herbst 1946 auf den US-Truppentransporter »Marine Marlin« verfrachtet. An Bord waren auch deutsche Diplomaten aus Lateinamerika sowie Spanien und Portugal nebst ihren SS-Botschaftsbewachern. Die waren wir auch noch nicht los, als wir in Bremerhaven an Land gingen. Denn jetzt wurden wir, inmitten von Nazis, mit einem Gefangenentransport zum Internierungslager Hohenasperg gebracht. Erst als wir einen Hungerstreik androhten, gelang es uns endlich, die Freilassung zu erzwingen.

Sechs Jahrzehnte später traten sie wieder in Hungerstreik – in Bischofferode, aus Solidarität mit den ostdeutschen Kalikumpeln, die entlassen und arbeitslos werden sollten.

Das war für mich selbstverständlich. Denn diese Kaliarbeiter sollten Opfer westdeutscher Kolonisations- und Annexionspolitik werden. Die so genannte Wiedervereinigung war ein gewinnträchtiger Raubzug westdeutschen Kapitals.

Haben Sie damals, als Sie nach dem Krieg nach Berlin zurückkehrten, geahnt, dass die Stadt und Deutschland gespalten werden?

Ich hörte von der Rede des US-Außenministers Byrnes in Stuttgart, die – wie auch Churchills Ansprache in Fulton – den Kalten Krieg eröffnete. Und da wusste ich, Deutschland wird von den Siegermächten geteilt. Die Alliierten waren keine Verbündeten mehr. Bald wurden verurteilte deutsche Kriegsverbrecher im Westen freigelassen, viele jüdische und liberal gesinnte US-Besatzungsoffiziere heimbeordert und bisherige Diener des Hitlerregimes nahezu hofiert. Die Condor-Legionäre haben als Wehrmachtangehörige dicke Renten bekommen, und ich als ein von den Nazis Ausgebürgerter musste lange um Rückgabe der deutschen Staatsangehörigkeit kämpfen.

Sie lebten im Westen, arbeiteten aber im Osten Berlins.

In Vernet war ich einige Zeit in der Krankenbaracke mit Paul Merker, Jude und Kommunist, späterMitglied des Politbüros der SED, zusammen. Merker freute sich, mich wiederzusehen. Und ich freute mich auch. Merker empfahl mir, ich solle Journalist werden. Und so wurde ich ADN-Korrespondent in Westberlin, bis ich Mitte der 60er Jahre auf Grund wesentlicher Meinungsverschiedenheiten ausschied.

Haben Sie in der DDR antisemitische Erfahrungen gemacht?

Im Gegenteil. Meine Ausbildung hatte ich in erster Linie Dr. Georg Honigmann zu verdanken, der aus britischem Exil gekommen war. Juden waren und blieben in den ostdeutschen Medien zahlreich, es gab ebenso unter den sowjetischen Presseoffizieren viele Juden. Auch in anderen Institutionen, bis hinauf in die Regierung, im ZK und im Politbüro der SED waren bis zuletzt Jüdinnen und Juden stark vertreten. Nirgends – trotz Stalins Animosität gegenüber Juden – bin ich in der DDR auf offenen Antisemitismus gestoßen.

Und im Westen?

Ja. Bezeichnend ist doch schon, dass von 1949 bis heute meines Wissens kein einziger Jude in eine Schlüsselstellung der Bundesregierung aufgenommen wurde. Adenauer war wohl kein Antisemit, jedoch zweifelsohne geprägt vom tief verwurzelten katholischen Anti-Judaismus. Pragmatiker, der er war, wollte er die ihm äußerst hinderliche Judenfrage vom Tisch haben. Er befürchtete, Juden könnten nach allem Erlittenen konsequente Abrechnung mit Hochgestellten des »Dritten Reiches« einfordern.

Ihm gelang es, bar jeglicher politischer Wiedergutmachung die nach vielen Martern Ermüdeten lediglich mit Geld abzufinden. Dies übrigens ungerechterweise gestaffelt nach früheren Einkommen und Stellungen, nicht nach dem erlittenem Leid. Wer auf striktem Linkskurs beharrte, wurde sogar ausgeschlossen. Das nannte sich Wiedergutmachung...

Und was hätten sie unter einer politischen Wiedergutmachung verstanden?

Die Verpflichtung zu durchgehender Ausgrenzung aller wesentlich belasteten Diener des »Dritten Reiches« in Ämtern der Bundesrepublik Deutschland wie auch in Westberlin. Im Nachhinein muss ich sagen, mein Bruder Hans hatte mit seinen Bedenken hinsichtlich einer Rückkehr nach Deutschland recht. Die Bundesrepublik hat noch immer die Hymne, die einst auch die Mörder unserer Mutter und meines jüngeren Bruders sangen.

Wie fällt Ihr Urteil über das heutige, vereinigte Deutschland aus?

Deutschland hat eine Rückwende erlitten. Ich bin beunruhigt. Vor allem wegen des großdeutschen, eurozentristischen Neo-Nationalismus, der heute wieder offizielle Politik bestimmt. Dementsprechend geht bisher die innere Hauptgefahr nicht von brandschatzenden Stiefel-Faschisten aus, vielmehr von gewissen Mächtigen in Wirtschaft, Politik, Militär und Medien, die im Hintergrund Fäden ziehen. Ich frage mich: Werden nach über einem halben Jahrhundert nach Auschwitz die nicht unbedeutenden potentiellen Gegenkräfte erneut, wie vor 1933, die Gefahr unterschätzen, die von rechten Machtpotenzen ausgeht? Entschiedener Gegendruck aller Anständigen ist wieder überlebenswichtig geworden.

Wir erleben auch heute wie damals in Spanien, dass Linke gegen einander polemisieren, sich streiten und gegenseitig bekämpfen. Die Situation ist nicht weniger ernst als 1936. Wieder setzen reaktionäre Kräfte zum Sturm an, führen Kriege in aller Welt und betreiben brutalstmöglichen Sozial- und Demokratieabbau. Wenn wir uns nicht aufraffen, alle unsere Kräfte zu bündeln, um die neue Reaktion zurückzuwerfen, dann werden sie wieder siegen. Sie müssen aber nicht siegen. Wir könnten die Stärkeren sein.

Fritz Teppich, geboren am 26. November 1918 in Berlin, verließ Deutschland im April 1933, lebte in Frankreich und Belgien und ging 1936 nach Spanien, wo er in die Republikanische Armee eintrat. Nach der Niederlage der Volksfrontrepublik 1939 zunächst erneut in Frankreich und Belgien, hat er den Krieg im portugiesischen Exil überlebt. 1946 nach Deutschland zurückgekehrt, wurde er Journalist, arbeitete für verschiedene ost- und westdeutsche Medien. Vor kurzem hat er die Fritz-Teppich-Stiftung ins Leben gerufen, die sich der Erforschung und Dokumentation von Biografien deutscher Widerstandskämpfer widmet. 1996 erschien seine Autobiografie »Der Rote Pfadfinder«.

Schpil'sche mir a lidl – wegn scholem

Der Pianist Eberhard Rebling ist ein Gerechter unter den Völkern

»Wir nahmen Abschied ohne Tränen.« Die Erinnerung treibt sie ihn die Augen. Zwei letzte gemeinsame Tage sind Eberhard Rebling und seiner Frau Lin in einer Gefängniszelle in der Marnixstraat von Amsterdam vergönnt, bevor man sie gewaltsam trennt. »Wenn wir uns je wieder sehen sollten«, sagt er zu ihr. Sie unterbricht ihn: »Sag doch nicht so etwas.« Es ist der 13. Juli 1944.

Lin wird Tage später »auf Transport« geschickt, wie die Nazis die Deportationen in die Vernichtungslager nannten. Eberhard droht das Todesurteil – wegen Fahnenflucht, Landesverrat, Spionage und, was seinen Peinigern von der Gestapo als das schlimmste Verbrechen gilt, »Rassenschande«. Der Deutsche hat sich mit einer holländischen Jüdin »eingelassen«. Und Juden zur Flucht verholfen. »Nur 20«, sagt Eberhard Rebling. Nur?

Eberhard Rebling ist vom Staat Israel in den ehrenvollen Kreis der Gerechten unter den Völkern aufgenommen worden.

»Wer nur ein einziges Leben rettet, rettet die ganze Welt«, heißt es im Talmud. Eberhard Rebling darf stolz sein. Doch er wirkt traurig. Zu jenen sieben Menschen unter seiner Obhut, denen es nicht vergönnt war, den Tag der Befreiung zu erleben, gehörten Lins Eltern, Fijtje und Joseph Brilleslijper, sowie Lins Bruder Jacob – ermordet in Auschwitz. Die Namen der drei sind in Yad Vashem verewigt.

»'S brennt, Brüderle, 's brennt.« – Wie oft habe ich dieses Lied gehört. Keiner sang es eindringlicher und berührender als Lin Jaldati, die 1912 im ärmsten Viertel von Amsterdam, nahe dem Rembrandt-Haus geborene große Interpretin jiddischer Lieder. Ihr und ihrem Mann bin ich erstmals in Rangoon begegnet. Sie sang Brecht, er begleitete sie am Flügel. Die beiden hatten auch ein burmesisches Lied einstudiert und zum Besten gegeben. »Pilee piree…« Eberhard Rebling gibt eine Kostprobe, er hat den Text nicht vergessen. »Plötzlich erklang im Publikum eine Flöte«, weiß der 96-Jährige, als wären seither nur einige Tage verstrichen. »Wir waren angenehm überrascht und spielten das Lied noch einmal, nun gemeinsam mit dem uns unbekannten Flötisten.« Ich kann mich daran nicht mehr erinnern; ich weiß nur noch, dass Lin meiner Mutter damals empfahl, mich zum Ballett zu schicken, nachdem ich, Grundschülerin, an diesem Abend einen burmesischen Tanz aufgeführt und ein burmesisches Liebeslied geträllert habe: »Mämäme ni kama…« Jahre später, in der DDR, sah ich die beiden wieder, diesmal mit ihren Töchtern Kathinka und Jalda. Die Vier sangen und spielten jiddische Lieder, fröhliche und melancholische. Ergreifend und mitreißend.

»Spil'sche mir a lidele in jiddisch... Spil'sche mir a lidl wegn scholem...«
Spiel mir ein Liedchen in jüdisch, ein Lied für den Frieden.

Ich bin Kathinka dankbar, dass sie mich an diesem launischen Sommertag bei prasselndem Regen hinaus zu ihrem Vater nach Ziegenhals fährt. Wo plötzlich die Sonne strahlt. An Reblings Haus hängt ein Emailleschild: Feuerwache. »Das hing schon immer da«, antwortet Kathinka auf meinen erstaunten Blick. Ihr Vater erwartet uns schon. Küsschen für die Tochter, eine Umarmung für Freunde.

Der erste Eindruck: Dieses Heim wirkt viel zu bescheiden für ein so berühmtes Künstlerpaar, wie es Eberhard Rebling und Lin Jaldati waren. Aber es ist prall gefüllt mit Kostbarkeiten, kleinen und großen. Mein Blick fällt auf den Flügel. »Ein Bechstein, aus dem Jubiläumsjahr 1910. Seit 1931 begleitet er mich«, sagt Rebling. Darauf türmen sich Bücher. Lins Schaukelstuhl, seit 1988 verwaist, steht vor dem großen Fenster mit Sicht auf Garten und See. Es gibt viel zu entdecken, in Reblings Haus. Delfter Kacheln in der Küche, Mitbringsel aus aller Welt im Wohnzimmer: indonesische Tänzerinnen, ceylonesische Masken, das Modell eines Tempels... und – ich erkenne den Strich – eine Zeichnung von Pablo Picasso. Ein Original, wie mir Rebling bestätigt, mit Widmung für Lin: Beste Wünsche für beruflichen Erfolg und im gemeinsamen Kampf um Frieden. Lin und Eberhard hatten Picasso erstmals auf einem internationalen Friedenskongress in Wroclaw getroffen, zwei Jahre nach dem Krieg. »Auch Frédéric Joliot-Curie, Louis Aragon und Pablo Neruda waren da«, wird mir mitgeteilt. Am Weltfriedenskongress 1949 in Paris nahm Rebling als Korrespondent der Zeitung »De Waahrheid« teil, Lin als Delegierte des holländischen Frauenverbandes.

»Sol schojn sajn scholem und nischt kejn cholem...«
Es soll Frieden sein, nicht nur ein Traum.

»Drei Kriege habe ich mitgemacht«, sagt Rebling. »Den Ersten und den Zweiten Weltkrieg und den Kalten Krieg.« Krieg Nummer eins verbindet der 1911 Geborene mit Angst, Hunger und einer Mittelohrentzündung. »Da musste ich drei Mal operiert werden.« Während seine beiden älteren Brüder den Berichten von der Front, die täglich nachmittags um drei Uhr in einem Sonderblatt publik gemacht werden, entgegenfiebern, um die Schlachten mit Zinnsoldaten nachzuspielen, klammert Eberhard sich furchtsam an die Mutter. »Ich war als kleines Kind sehr ängstlich. Vielleicht habe ich das von meiner Mutter geerbt. Schon das Rauschen der Blätter des Pappelbaums des Nachts vor unserem Haus ängstigte mich.«

Die Mutter ängstigt sich um den Vater. Der ist im Krieg, Hauptmann in einem Infanterieregiment. Wenn er auf Heimaturlaub ist, wird er von den älteren Söhnen stürmisch begrüßt, der jüngster fürchtet sich vor ihm. Der Vater ist fremd. Und er ist böse. »Ich hatte irgendetwas ausgefressen, eine Nichtigkeit. Aber er hat mir gleich die Hosen runtergezogen, mich über die Stuhllehne gelegt und mich mit dem Stock – den habe ich heute noch – verdroschen. Mutter schrie: ›Hör auf! Hör auf!‹« Er hörte erst auf, als er erschöpft war. »Mein Vater war durch und durch ein Offizier, der militärischen Drill auch zu Hause praktizierte.« Auch noch, als der Kriegsversehrte ausgemustert und in ein ziviles Leben gezwungen ist, das Kaiserreich der Geschichte angehört und Deutschland eine parlamentarische Republik geworden ist. »Er führte sich weiterhin wie ein preußischer Offizier auf.«

Manchmal lud der Vater seine alten Kriegskameraden ein. »Und da war auch schon mal ein General a.D. mit seiner Gattin anwesend. Da mussten wir einen tiefen Diener machen und der Dame die Hand küssen. Unsere Haushälterin musste ihr Dienstkleid anlegen, schwarz, mit weißer Schürze. Die Sitzordnung am Tisch war exakt vorgeschrieben. Und nach dem Essen musste ich zur Unterhaltung der ehrenwerten Gäste auf dem Klavier etwas zum Besten geben. Ich fand das unmöglich. Ich kam mir vor, wie ein dressierter Affe.« Am schlimmsten aber für Eberhard ist es, wenn der Vater von ihm verlangt, für die honorigen Gäste preußische Militärmärsche zu spielen. Dem sensiblen, musischen Jungen sind die martialischen Töne und Gesänge unerträglich. Noch heute wundert sich Eberhard Rebling über des Vaters Vorlieben: Er glaubte wohl, dem Sohn eine besondere Freude zu machen, als er ihm einmal ein dickes Notenheft schenkte, auf dessen Titelblatt der bereits längst abgedankte und in seinem holländischen Exil in Dorn vor sich hin grollende Kaiser abgebildet war. Darüber stand in gotischen Lettern: Alte Kameraden. »Und da musste ich meinem Vater ›Preußens Gloria‹, ›Fredericus Rex‹ und andere Märsche vorspielen. Er schlug den Takt mit. Ich aber erlitt Seelenqualen.«

Ganz anders ist Eberhards Verhältnis zum Großvater. Der war Lehrer und Direktor eines Gymnasiums in Westfalen. »Als ich schon zur Schule ging, hatte ich einmal ein längeres Gespräch mit Opa Oskar. Er hatte den Krieg gegen Österreich 1866 und gegen Frankreich 1871 mitgemacht. Und nannte sie ›fürchterlich‹. Und den Ersten Weltkrieg ›noch viel schlimmer‹.« Oskar Rebling erzählte Eberhard auch vom Urgroßvater in Greußen, einem Städtchen zwischen Halle und Eisleben. Der Urgroßvater hat sich an der 1848er Revolution beteiligt. »Ich denke, mein Großvater war ein Demokrat. Jedenfalls kein Militarist.«

Der eigene Vater aber bleibt Eberhard ein Fremder. »Wieso hast du nur jüdische Freunde?«, blafft er den Jungen an, in dessen Klasse zur Hälfte jüdische Kinder sind. »Wage es nicht, einen von denen mit nach Hause zu bringen!« Nicht anders als die später den Massenmord an den deutschen und europäischen Juden anordnenden NS-Führer macht aber auch dieser preußische Ex-Offizier Ausnahmen.

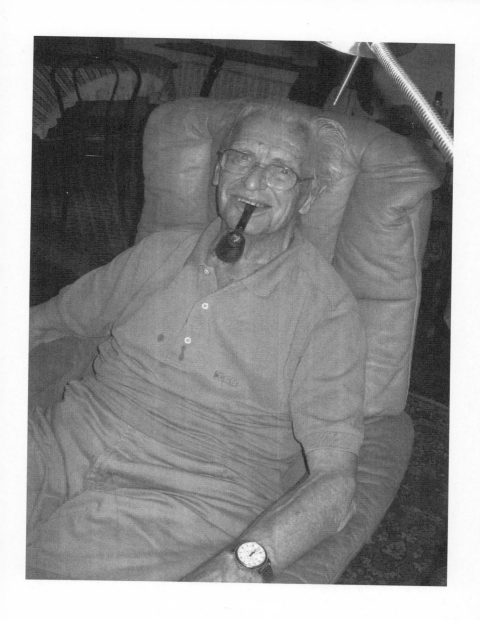

Eberhard Rebling

»Unser Hausarzt in Oppeln, Dr. Schlesinger, war einer von den ›guten Juden‹. Auch Dr. Peiser in Berlin, der mich Anfang der 20er Jahre, erneut wegen Mittelohrentzündung, zweimal operieren musste«, erzählt Eberhard Rebling.

Der Vater staunt nicht schlecht, als sein Jüngster plötzlich auch noch chinesische Freunde hat. »Eines Tages erschien im Klavierunterricht von Frau Lenz ein chinesisches Mädchen. Chin-hsin Yao hieß sie. Ich verliebte mich das erste Mal in meinem Leben und gab ihr zusätzlich private Klavierstunden. Sie fragte mich dann, ob ich auch die beiden Töchter des chinesischen Botschafters unterrichten könne. Natürlich war ich gern bereit.« Chin-hsin Yao gibt Eberhard den Rat, nicht allzu bescheiden bei der Honorarforderung zu sein. »Drei Jahre lang ging ich dann jede Woche ein Mal also in die chinesische Botschaft, die sich damals am Kurfürstendamm befand.«

Es war die Mutter, die Eberhard zum Klavierunterricht geschickt hat. Auch Bruder Dietrich. Aber der zeigt nicht viel Interesse und noch weniger Talent. Eberhard hingegen lebt mit und für die Musik. »Meine Eltern hatten in der Zeit der Wirtschaftskrise, als allen das Geld knapp wurde, einige Zimmer unserer großen Wohnung vermietet.« Die Reblings haben eine Achtzimmer-Wohnung in der Brandenburgischen Straße 19 in Berlin-Wilmersdorf. Einer ihrer Mieter ist ein junger Engländer namens Richard Malone, »den wir nur Dick nannten«. Dessen Eltern kommen zu Besuch. »Sie waren von meinem Klavierspiel so begeistert, dass sie mich einluden, sie in Essex zu besuchen.« Eberhard folgt der Einladung im Sommer 1930. »Dick bezahlte die Fahrtkarten.« Der Berliner genießt den Ausflug nach Merry Old England. Er spaziert durch die Straßen von London, wo ein viel hektischerer Verkehr herrscht als in Berlin. »Auf der Rückreise machten wir in Amsterdam einen Tag Station, aßen zarten Hering, bewunderten die Grachten, besuchten das Rijk-Musuem und waren auch im Rembrandt-Haus. Nicht weit davon, in der Jodenhoek, ist meine Lin aufgewachsen. Doch das würde ich erst später erfahren.«

Im Jahr darauf beginnt Eberhard sein Studium der Musikwissenschaft an der Friedrich-Wilhelm-Universität in Berlin, was die Entfremdung zum Vater verstärkt: »So etwas Brotloses, statt etwas Ordentliches zu lernen!« Obendrein musiziert der Junge mit jüdischen Kommilitonen, gründet mit ihnen eine Band – mit dem Geiger Fritz Händschke, dem Bratscher Walter Müller, später Solist bei den Berliner Philharmonikern, und den Cellisten Heinrich Joachim, der mit den New Yorker Philharmonikern große Erfolge feiern wird. »Wir gaben Konzertabende, zu denen leider nicht allzu viel Publikum strömte.« Obendrein eilt der Junge zum Verdruss des Vaters zu jedem »kultur-bolschewistischen« Ereignis in der Hauptstadt. »Berlin war ein El Dorado für Musiker«, erinnert sich Eberhard Rebling. Strawinsky, Prokofjew, Toscanini, Schönberg... »In der Staatsoper gab es vier Ränge ganz oben mit billigen Stehplätzen. Da stand ich, mit den Noten in der Hand und verfolgte die Vorstellungen der Großen.« Reblings Hände fliegen durch die Luft, schlagen imaginäre Tasten an: Da-da-da-da.... »Mussorgsky war en vogue«, fährt er fort und summt die »Nacht auf dem kahlen Berge«. Der Musikprofessor schwelgt weiter: »Ich erlebte damals den legendären Fritz Kreisler mit Beethovens Violinkonzert. Ich konnte mich auch nicht der Ausstrahlung von Wilhelm Furtwängler entziehen, unter dessen Dirigat die Berliner Philharmoniker meisterhaft präzise spielten. Durch Otto Klemperer hörte ich erstmals Strawinskys ›Geschichte vom Soldaten‹, ein skurriles Stück, das ich mir mehrfach anhörte, weil es mir so sehr gefiel.«

1932 darf Eberhard zum ersten Mal wählen. Der Vater will wissen, für wen er sich entschieden hat. »Ehrlich gesagt, ich wusste damals selbst nicht, wen ich wählen sollte.« Er weiß nur: auf keinen Fall die Nazis oder die Ultrarechten von der »Harzburger Front«, auch nicht die Deutsche Volkspartei, »auf die mein Vater und meine Mutter schworen«. Den Hitler mochte auch der Vater nicht, nicht wegen dessen Antisemitismus. Nein, er verachtete den gebürtigen Österreicher, weil der nur ein kleiner Gefreiter im Ersten Weltkrieg war. Eberhard erschien die Deutsche Volkspartei »zu sehr an alten Zeiten zu kleben, an Kaiser Wilhelm und das alten Preußen. Und deshalb machte ich mein Kreuz bei der Zentrumspartei von Brüning. Als ich das meinem Vater sagte, war er entsetzt: ›Diese Pfaffen? Das ist eine Schande!‹« Ein wahres Donnerwetter hätte Eberhard wohl erlebt, wenn er dem Vater gebeichtet hätte, wen er bei der zweiten Wahl in jenem Jahr angekreuzt hat. Im Januar 1932 war die Reichstagswahl, im März/April ging man zur Urne, um den Reichspräsidenten zu wählen. »Hindenburg, der Generalfeldmarschall aus dem Ersten Weltkrieg, war natürlich nicht mein Favorit«, sagt Eberhard Rebling. Ihn überzeugten die Plakate der KPD: »Wer Hindenburg wählt, wählt Hitler. Und wer Hitler wählt, wählt den Krieg.«

Zu jener Zeit hat Eberhard die Uraufführung von Brecht und Weills Stück »Der Jasager« besucht. Wenig später erlebt er in der »Volksbühne« Heinz Thiessens Chorwerk »Aufmarsch«. »Sie imponierten mir nicht nur ästhetisch, ich begann auch die Kraft und Macht der Musik zu begreifen, gesellschaftliche Konflikte zu thematisieren.« In jenem Frühjahr erlebt er auch erstmals Ernst Busch und Hanns Eisler. Der eine beeindruckt ihn mit kräftiger, leidenschaftlicher Stimme, der andere mit der Art, wie er die Tasten des Klaviers anschlug. »Vor allem prädestinierten die beiden eine für mich ganz neuartige Musik, die dem einfachen Publikum, den Proletariern gewidmet war und die deren Sorgen und Nöte wie auch Hoffnungen Ausdruck verlieh.«

Das Jahr 1932 sollte im Leben des Eberhard Rebling noch auf andere Art von einschneidender Bedeutung werden. »Ich wurde zum 200. Geburtstag von Joseph

Haydn nach Breslau eingeladen. Organisiert wurde diese Veranstaltung von einer Gemeinnützigen Vereinigung zur Pflege deutscher Kunst.« Im Schnellzug nach Breslau (Wrozlaw) lernt Eberhard einen gewissen Dr. Leo Balet kennen. »Wir kamen ins Gespräch. Ich erzählte von meinem Universitätsstudium. Er lächelte nur und fragte dann: ›Haben Sie schon mal etwas über Karl Marx gehört?‹ Ich sagte: ›Nein, wer ist das?‹ Darauf erwiderte er: ›Wie viele Semester Philosophie haben Sie schon studiert? Und da haben Sie keine Ahnung von Marx? So sind unsere Universitäten!‹ Er hielt mir die ganze Bahnfahrt über einen Vortrag über Marxismus.« Eberhard lernt Marxismus im Schnellzugtempo. Die Verbindung zu Balet reist nicht ab; jener wird später versuchen, Eberhard zur Emigration in die USA zu überreden. Vergebens.

Ja, Eberhard ist wahrlich von ganz anderem Naturell als seine Brüder. Der eine ist apolitisch, der andere schließt sich früh der SA an. Später wird er sich zur Waffen-SS melden – um die »Familien-Ehre« zu retten, die Eberhard mit seiner Verweigerung des Dienstes an »Führer, Volk und Vaterland«, seiner Flucht vor der Einberufung in der Wehrmacht, und vor allem mit seiner »jüdischen Mischpoke besudelt« habe. »Das war typisch«, versucht Eberhard Rebling zu erklären. »Er war sehr einsam, hatte keine Freunde, wurde vom Vater immer beschimpft: ›Du bist ein Versager.‹ Er hatte furchtbare Minderwertigkeitskomplexe. Und in den SA-Horden fühlte er sich wohl, da war er in einer Gemeinschaft. Die waren nicht sehr intelligent. Wie er.«

Dieser Bruder hat zu Eberhards Verwunderung nur ein Buch in seiner Mansarde: Hitlers »Mein Kampf«. »Das habe ich nur mit spitzen Fingern angefasst. Da las ich: Die jüdische Rasse muss ausgerottet werden, der jüdische Bolschewismus muss vernichtet werden.« Eberhard hat viel gelesen, andere Bücher, von Jules Verne bis Karl May und nach seiner Fahrt nach Breslau auch Karl Marx.

»Den 30. Januar 33 werde ich nie vergessen«, sagt Eberhard Rebling. Nicht nur, weil an diesem Tag der Judenhasser Hitler vom greisen Generalfeldmarschall Hindenburg die Macht in Deutschland übertragen bekommt. »Mein Bruder, der zweite, lief durch die Straßen und grölte das Horst-Wessel-Lied.« Einen Monat später, in der Nacht vom 27. zum 28. Februar 1933, brennt der Reichstag. Eberhard verlässt spätabends die Staatsbibliothek Unter den Linden. »Immer wenn ich in der Musikabteilung gesessen habe, war ich so sehr in Gedanken, dass ich den Weg nach Haus zu Fuß nahm, quer durch den Tiergarten. Am Brandenburger Tor stand SA. Der Reichstag brannte lichterloh, an allen vier Ecken«, betont Eberhard Rebling. »1997 hatte ich in Tutzingen eine Diskussion mit Hans Mommsen, der an der Allein-Täterschaft des Marinus van der Lubbe festhält.« Der ostdeutsche Musikwissenschaftler stritt mit einem der renommiertesten Geschichtsprofessoren der Bundesrepublik Deutschland, gab Widerworte, wollte dessen These nicht gelten lassen. Cui bono? »In jener Nacht wurden zehntausend Kommunisten, Sozialdemokraten, Pazifisten verhaftet.«

Nach der Brandnacht wird es für den talentierten Pianisten einsam in Deutschland. Viele Freunde, Lehrer und Kommilitonen, verlassen das Land und drängen ihn, es gleich zu tun. Zum Beispiel Heinrich Joachim, der Cellist, mit dem Eberhard in Schweden gastierte. Die beiden wären gern dort geblieben, doch der Emigrant und Dirigent Herbert Sandberg rät ab: »Die Schweden leben von Oktober bis April im Winterschlaf. Und die Musiker spielen ständig schwedisches Einheitstempo, Moderato assai.«

Eberhard promoviert. Dann bricht auch er auf. Nach Holland. Er lebt in Den Haag in einem Gemeinschaftshaus und schlägt sich mit privaten Klavierstunden und Hauskonzerten mehr schlecht als recht durch. Kurzzeitige Unterbrechung des entbehrungsreichen Alltags bietet eine Tournee nach Niederländisch-Indien, wie Indonesien seinerzeit hieß. Er wird von einer Künstlertruppe mitgenommen, »weil ich nicht so viel kostete wie ein holländischer Klavierspieler«. Bescheiden verschweigt er den wahren Grund: sein bravouröses Spiel. Die Reise nach Asien soll in den 60er Jahren eine Fortsetzung erfahren; Eberhard Rebling wird die Tänze studieren und Standardwerke über die südostasiatische Kunst verfassen.

Doch zurück zum Gemeinschaftshaus in Den Haag. Sehr fröhlich ging es in der Bankastraat zu. Hier übernachteten viele junge Leute aus Amsterdam, Rotterdam und anderen Städten. »Eines abends, im November 1937, kam ein junges Mädchen mit großen dunklen Augen. Das schönste Mädchen, das ich je gesehen habe! Ich stellte mich vor: Eberhard Rebling. Sie sagte: Lin Jaldati. Mich durchschoss es wie ein Blitz. Das war Liebe auf den ersten Blick.« Ihr geht es ebenso, sie verliebt sich in den »langen, schlacksigen, blonden Kerl«. Ein halbes Jahr später zieht sie zu ihm. Und er überzeugt sie: »Du bist viel zu begabt, um mit Revuen durchs Land zu tingeln.« Fortan geben sie gemeinsam Konzert-, Tanz- und Liederabende.

Bis zum 10. Mai 1940 – dem Tag, an dem die Wehrmacht in die Niederlanden und in Den Haag einmarschiert. »Ich hörte dumpfe Einschläge, das Gedröhn von Flugzeugen, Detonationen. Lin schlief.«

Innerhalb weniger Tage ist das Land besetzt. Ende Mai zieht der berüchtigte Seyß-Inquart als Reichskommissar in Den Haag ein. »Er faselte etwas von einer Blutbande zwischen Niederländern und Deutschen«, erinnert sich Eberhard Rebling. »Wir ahnten, was komme würde und wollten es doch nicht richtig glauben.« Deutsche Judengesetze werden auf die im Westen okkupierten Länder ausgeweitet. Alle holländischen Juden, auch so genannte Halb- und Vierteljuden, müssen sich registrieren lassen und bekommen ein dickes »J« in ihren Personalausweis gestempelt. Lehrer und Hochschulprofessoren, die nicht »arischen Blutes« sind, werden »des Amtes enthoben«. Besatzungssoldaten dringen in Künstlerlokale und Konzerte, randalieren und toben. Das Amsterdamer Judenviertel wird eingezäunt. Und bald kommt es zu ersten Verhaftungen – denn es regt sich Widerstand. Der Dekan der Juristischen Fakultät an der Universität Leiden, Professor Cleveringa, hält eine leidenschaftliche Protestrede gegen den Terror der Okkupanten, wird arretiert und seine Universität wird dicht gemacht. Von den Kanzeln der Kirchen werden Erklärungen gegen die antisemitische Gesetzgebung der Okkupanten verlesen. Die im Untergrund operierende Kommunistische Partei mahnt und appelliert auf ihren Flugblättern: »Diese Judenpogrome sind ein Angriff auf die ganze arbeitende Bevölkerung. Organisiert in allen Betrieben Proteststreiks. Seid solidarisch mit dem jüdischen Teil des arbeitenden Volkes. Streikt, streikt, streikt!!!« Und es kommt tatsächlich vielerorts zu Arbeitsniederlegungen. »Das hat uns Mut gemacht«, sagt Eberhard Rebling. Vor allem aber sind es die ersten Widerstandsaktionen von Juden selbst, die hoffen lassen. Boxer des jüdischen Sportvereins »Macabi« machen mit wagemutigen Unternehmungen auf sich aufmerksam...

»Dann kam die Nachricht: Hitler hat die Sowjetunion überfallen. Das ist der Anfang vom Ende, dachte ich.« Jetzt wird Hitler der Garaus gemacht. So dachten viele. Eberhard Rebling erinnert sich an leidenschaftliche politische Diskussionen. In diesem Sommer sollte es für ihn jedoch noch eine weitere Aufregung geben – eine höchst erfreuliche. Er wird Vater. Im August 1941 erblickt Tochter Kathinka das Licht der Welt. »Alle waren mit uns glücklich.«

Eberhard ist kein politischer Emigrant – formell. Obwohl er aus politischen Gründen Deutschland verlassen hat. Doch das wissen die Reichsbehörden nicht. So erreicht ihn eines Tages der Einberufungsbefehl zur Wehrmacht. Der Pianist denkt nicht daran, Folge zu leisten. Für wen und warum soll er in den Krieg ziehen? Er schreibt einen Zettel mit seiner angeblich neuen Adresse und befestigt ihn am Schwarzen Brett im Gemeinschaftshaus in der Bankastraat. Die anderen, auch die Freunde, dürfen ja nichts wissen. Es folgt der Abschied von den Schwiegereltern. »Auch sie durften vorerst nicht wissen, wohin ich fahre«, sagt Eberhard Rebling. »Mich von Lin und Kathinka zu verabschieden, fiel mir besonders schwer.« Es musste sein. Eberhard lässt sich bei einem Friseur in der Jodenhoek die Haare ganz kurz schneiden. Dann besteigt er den Zug nach Bergen, mit einem falschen Ausweis in der Tasche. Er heißt fortan Jean-Jacques Bos. Eberhard Rebling gibt es nicht mehr.

Nicht lange Zeit danach, folgt Lin mit Kathinka. Zu ihnen nach Bergen gesellt sich bald Lins ganze Familie, Schwester Jannie mit ihrem Mann Bob und ihren beiden Kindern, Lins Bruder Jaap, der in Amsterdam für Illegale eine wichtige Adresse gewesen ist, dessen Verhaftung jedoch droht... Sie alle tauchen in Bergen

Lin und Eberhard bei Tanzstudien 1939

unter. Nur Eberhard alias Jean-Jacques kann sich frei bewegen, holt allmonatlich die Lebensmittelkarten in Amsterdam ab, kauft ein, kümmert sich um die Seinen. »Mijnheer Bos« verdient wieder mit Hauskonzerten und privatem Klavierunterricht etwas Kleingeld, nicht viel für die wachsende Schar Bedrängter, die von seiner Fürsorge abhängig ist.

Im Frühjahr 1942, nach der Wannsee-Konferenz in Berlin, wird nun auch in den Niederlanden die systematische Jagd auf Juden eröffnet. Eberhard ist auf der Suche nach einer sicheren Bleibe. Es ist nicht einfach, das Richtige zu finden. Schließlich erhält er einen Tipp von Jan Hemelryk, »einen der Köpfe des holländischen Widerstands«, klärt mich Kathinka auf. Eberhard besichtigt mit Bob eine Villa in Huizen, nahe Amsterdam. Da wäre wirklich Platz für alle, stellen die beiden fest. Die Villa gehört zwei alten Damen, die bereit sind, ihre Sommerresidenz für 112,50 Gulden im Monat zu vermieten. Eine der Damen wundert sich über Eberhards Akzent: »Sie sprechen ja gar nicht wie einer, der aus Den Haag kommt.«

»T' Hooge Nest«, das Hohe Nest, wie das auf einer Anhöhe, von Bäumen umgebene Haus heißt, ist geräumiger als das Versteck im Hinterhaus in der Amsterdamer Prinsengracht 263, wohin sich zu etwa gleicher Zeit die Familie Frank begibt. Das Haus in Huizen ist nicht nur Refugium für Eberhard, Lin und Kathinka, sondern auch für Jannie, Bob und deren beiden Kinder, den Eltern Brilleslijper und Lins Bruder Jacob. Es wird zudem Zufluchtsort und Anlaufstelle für viele weitere Juden, Illegale. »Einmal allerdings mussten wir ein junges Pärchen wieder fortschicken. Die Frau war hochschwanger. Ein schreiendes Baby hätte uns alle gefährdet«, bedauert Rebling. »Es fand sich aber für sie ein günstigeres Versteck.« Vierzig Jahre später wird Eberhard Rebling auf einer Auslandsreise von einer Frau angesprochen: »Sie haben mir das Leben geschenkt.« Ich sagte: »Wieso? Ich kenne Sie überhaupt nicht.« Sie antwortete: »Aber meine Mutter. Sie war schwanger.«

»Schpil, schpil, a lidele far mir... A lidele ob siftsn un on trern, Schpil asoij as alle soln hern...«
Spiel mir das Lied der Seufzer und Tränen, spiel es so, dass alle es hören.

Es wird auch in Huizen zunehmend ungemütlich. Wie in Amsterdam werden jetzt auch hier Razzien durchgeführt. »Wir überlegten schon, wohin wir jetzt ziehen könnten.« An einem Novemberabend klopft es. Lin öffnet, Jannie und Eberhard räumen schnell verdächtige Gegenstände und illegales Material weg. Es ist nicht die Gestapo. Ein Wehrmachtssoldat erkundigt sich nach dem Weg zum Meer. Hinter ihm drängen sich weitere Uniformierte. »Wir haben uns verlaufen. Haben Sie etwas zu trinken?« Etwa ein Dutzend Soldaten treten in die kleine Küche von

»T' Hooge Nest« ein. Nachdem sie ihren Durst gestillt haben, bitten sie ihre »Gastgeber«, zum Meer begleitet zu werden. Eberhard und Lin wiegeln ab. Es sei schon Ausgangssperre. Der Truppführer lässt nicht locker und schreibt einen Zettel, auf dem er bezeugt: »Herr und Frau Bos sind berechtigt, während der Sperrzeit ihr Haus zu verlassen.« Eberhard Rebling schmunzelt: »Und da liefen wir nun, ein deutscher Wehrdienstverweigerer und eine holländische Jüdin, an der Spitze eines Trupps deutscher Soldaten nachts über die Heide zum Ijsselmeer.«

Als es das nächste Mal klopft an der Haustür der Villa »T' Hooge Nest«, geht es nicht so glimpflich ab. Deren Bewohner sind verraten worden. »Wir haben uns den Kopf zermartert, wer es gewesen sein könnte.« Erst vor kurzem hat Eberhard Rebling aus einem Buch des holländischen Journalisten Ad van Liempt erfahren, wer die 15 Juden, die sich im Juli 1944 in der Villa in Huizen verbargen, der Gestapo ausgeliefert hat: Eddy Moerberg, der ab 1942 schon in der Hausraterfassungsstelle arbeitete, wo die Besitztümer verhafteter Juden inventarisiert wurden. Er gehörte zur Kolonne Henneicke, die für die Deutschen nach Untergetauchten fahndete. »Sieben Gulden fünfzig gab es für jeden gefassten Juden«, empört sich Kathinka. Ihr Vater bestätigt: »Auch in den Niederlanden gab es Kollaborateure. Wir waren Moerbergs größter Fang.«

Am Morgen des 10. Juli 1944 ist »T' Hooge Nest« umstellt. Ein energischer Befehl schreckt die Bewohner auf: »Aufmachen! Hausdurchsuchung!« Lin lässt sich Zeit, die Tür zu öffnen. Zuvor hat sie den Alarmknopf betätigt, den man vorsorglich, für einen Ernstfall angebracht hatte. Damit sind die anderen verständigt, ihre vorbereiteten Verstecke im Haus, in Hohlräumen hinter Schränken, unterm Dach und unterm Fußboden aufzusuchen. Die Eindringlinge erkennen jedoch an der Anzahl der Zahnbürsten und der ungemachten Betten, dass ihnen eine größere Beute als erhofft zufällt. »Aber es hat zwei Tage gedauert, bis sie den letzten fanden«, sagt Eberhard Rebling mit unverkennbarer Genugtuung. »Keiner von uns hat das Versteck des anderen verraten.«

Die Bewohner von »T' Hooge Nest« werden in einen Kleinbus verfrachtet und unter SS-Bewachung nach Amsterdam zur Gestapo in der Euterpestraat gefahren. Man sperrt die Erwachsenen in einen Keller mit Holzpritschen; es ist dort stickig und dunkel. Nachdem sie verhört worden sind und wieder niemand den anderen verraten hat, geht es ins Gefängnis in der Marnixstraat. »Die meisten Wärter waren alte Sozialdemokraten. Sie haben Lin und mir den letzten Wunsch erfüllt, die zwei Tage, bevor wir auseinandergerissen und wer weiß wohin geschafft werden, in einer Zelle gemeinsam verbringen zu dürfen.«

Am 14. Juli 1944 »entführt« eine holländische Widerstandskämpferin – »Marion van Binsbergen hieß sie« – die kleine Kathinka aus der Praxis des Arztes Dr. van den Berg, wohin man Lins und Eberhards kleine Tochter gebracht hatte.

Sie kommt zu einer gutherzigen Familie, die sich um das Mädchen kümmert, bis der Krieg aus ist.

An eben jenem 14. Juli werden aber auch Eberhard und Jannie in ein Polizeiauto verladen. »Wir fuhren über die Haarlemmerstraat in die Spaardammerstraat. Ein Arbeiterviertel, das ich gut kannte.« Beim nächsten Stopp, als ein weiterer Verhafteter aufgenommen werden soll, wirft Eberhard der Schwägerin einen Blick zu. Sie versteht, schmeißt sich dem im Auto gebliebenen Polizisten an den Hals. Eberhard stößt die Tür auf, springt raus und rennt, wie er noch nie gerannt ist. Aus Jean-Jacques Bos wird Piet Verhoeve.

»Schpil, schpil, a lidele far mir. Schpil a lidele mit harts und mit gefil!«
Spiel mir ein Lied ohne Worte, mit Herz und mit Gefühl.

Im KZ Westerbork trifft Lin die Familie Frank, Otto und Edith, Anne und Margot. Im September geht es in Viehwaggons nach Auschwitz. Die Schwestern Lin und Jannie werden von Mengele »untersucht«, erneut verfrachtet und nach Bergen-Belsen deportiert. Dort treffen sie Anne und Margot wieder, sie umarmen sich. Zu Weihnachten feiern die Mädchen ein »Fest«, belegen aufgesparte Brotreste mit Zwiebelringen und ein paar Fasern Sauerkraut. Anfang 1945 grassiert Flecktyphus im Lager. Erst stirbt Margot, wenige Tage später Anne Frank. Ihr Lebenswille ist gebrochen. Lin und Jannie müssen Otto Frank nach dem Krieg immer wieder über die letzten Tage im Leben seiner Töchter berichten.

»Schpil asoj as ale soln hern, as ale soln sen, ich leb und singen ken, schejner noch un besser wi gewen.«
Spiel, dass alle hören, alle sehen: Ich lebe und kann singen, schöner und besser noch als zuvor.

Bergen-Belsen wird am 15. April 1945 befreit, Amsterdam am 5. Mai. Ein letztes Mal tritt Eberhard als Piet Verhoeve auf – bei einem Konzert anlässlich der Befreiung. Gespielt werden nur niederländische Komponisten. Am 27. Mai gibt Eberhard ein Abschiedskonzert in Oegstgeest, wo er sich nach seiner Flucht aus der »Grünen Minna« fast ein Jahr vor den Nazihäschern verborgen und nach Lin verzehrt hat. »Wir spielten Bachs Hochzeitskantate.« Eberhard Rebling hebt an zum Gesang: »Und dies ist das Glücke, dass durch ein hohes Gunstgeschicke, zwei Seelen einen Schmuck erlanget, an dem viel Heil und Segen pranget...« Der Sänger bricht ab und fährt in der Erinnerung fort: »Plötzlich fuhr ein Auto vor.« Eberhards Flügel steht am Fenster. Er spring auf, stürzt zur Tür – Lin fällt ihm in die Arme. »Wir weinten vor Freude.«

Eberhard Rebling versagt die Stimme. Kathinka bringt ein Glas Tee, redet leise holländisch auf ihn ein. Er stopft sich eine Pfeife. Dann unterhalten wir uns noch über die faszinierenden Tänze Südostasiens. Wir sprechen auch über den blutigen Putsch 1965 in Indonesien, der die Flüsse blutrot färbte. Und über Zwietracht und Krieg in der Welt von heute.

»Schpil'sche mir a lidl wegen scholem... As ale menschen, grojs un kleijn, soln es farschstejn... As ale felker, grojs und kleijn, soln take sich farschteijn.«

Eberhard Rebling, geboren am 4. Dezember 1911 in Berlin, studierte Musikwissenschaft an der Friedrich-Wilhelm-Universität in Berlin, übersiedelte 1936 in die Niederlanden, wo er nach der Besetzung durch die faschistische Wehrmacht in die Illegalität abtaucht und nicht nur seiner jüdischen Familie, sondern auch anderen Verfolgten hilft. 1944 verhaftet und zum Tode verurteilt, gelang ihm die Flucht und das Überleben im Untergrund. 1952 übersiedelte er mit seiner Frau Lin Jaldati in die DDR, wurde Chefredakteur der Zeitschrift »Musik und Gesellschaft« und Professor an der Musikhochschule »Hanns Eisler« in Berlin, deren Rektor er mehrere Jahre war. Von 1963 bis 1990 war Rebling Mitglied der Volkskammer der DDR. Mit seiner Frau und den Töchtern Kathinka und Jalda hat er viele In- und Auslandstourneen mit Jiddischen Liedern bestritten; besondere Beachtung fand nicht nur in den USA und Israel ihr spezielles Anne-Frank-Programm. Ein Jahr vor seinem Tod wurde er von Israel als ein Gerechter unter den Völkern geehrt. Eberhard Rebling starb am 2. August 2008. 1986 haben Eberhard Rebling und Lin Jaldati ihre Memoiren »Sage nie, du gehst den letzten Weg« veröffentlicht.

»Wsje lubjat German!«

Hermann-Ernst Schauer über eine unfreiwillige Reise in russische Weiten und seine erste Rede

Er hatte die Gnade der frühen Gefangenschaft. Keinen »Schuss auf den Russ'« hat er abgegeben. In der Nacht vom 21. zum 22. Juni 1941 ist der knapp 18jährige Leutnant der Wehrmacht mit der »zweiten Welle« in die Sowjetunion, in die Ukraine eingedrungen. »Ohne nennenswerten Widerstand«, erzählt Hermann-Ernst Schauer. »Wir haben viele Rotarmisten gefangen genommen. Ohne Feindberührung sind wir 400 Kilometer tief in die Ukraine eingedrungen. In einem Dorf namens Galtschines stießen wir aber dann auf unerwartet heftigen Widerstand. Ich floh durch ein Kornfeld. Plötzlich fühlte ich einen heftigen Schmerz in meiner rechten Seite. Ich verlor das Bewusstsein. Und als ich wieder zu mir kam, hatte ich eine schwarze Binde vor den Augen, meine Hände waren auf dem Rücken gefesselt.« Hermann-Ernst Schauer ist am 12. Juli 1941 bei einem Spähkommando in Gefangenschaft geraten.

In den Krieg ist er gezogen, um »Rache für Versailles« zu nehmen. Beim Abschied hat ihn sein Vater, Standortbevollmächtigter für Luftschutz in Rostock, ermahnt: »Bleib aufrecht, mein Sohn.« Was bedeutet das in Kriegszeiten?

Der Vater ist besorgt. Ja, er freute sich über die Beförderung des Sohnes zum Leutnant. Aber er hatte gehofft, dass Deutschland Russland nicht angreifen, sich nicht wieder in einen Zweifrontenkrieg stürzen würde. Nach der Erfahrung des Ersten Weltkrieges war für ihn klar, dies würde wieder »zu einer nationalen Katastrophe« führen.

Tausendfünfhundert Kilometer. Es ist Hermanns längste Reise. Eine Reise ins Ungewisse. Wochenlang ist er unterwegs. Endstation: Jelabuga, nahe der Mündung der Kama. Es verschlägt den Rostocker in die Tatarische Autonome Sowjetrepublik, in ein Kloster, umfunktioniert als Kriegsgefangenenlager. »Der Winter zog hier früh ein, streng und eisig.« Regelmäßiger Besuch der Banja (Sauna) tut dem Körper wohl. Ein Mal wöchentlich ist Entlausung angesagt und ein Mal in der Woche kann jeder Gefangene neue Wäsche in Empfang nehmen. »Morgens und abends gab es je 200 Gramm Brot und eine Suppe mit kleinen Kartoffelstückchen oder Kascha mit gedorrtem Fisch.« Bei den Männern besonders begehrt ist »Machorka« (Tabak). Hermann raucht nicht und kann seine Ration gegen ein Stück Zucker oder Brot eintauschen.

Die depressive Stimmung im Lager legt sich auf das junge Gemüt. Um der ewigen »Lamentiererei« der älteren Offiziere zu entfliehen, meldet sich Hermann zu einem Holzkommando. Da hat er wenigstens etwas Sinnvolles zu tun. Oft sucht er die Bibliothek des Lagers auf. Er ist erstaunt über deren reichhaltigen Bestand an deutschsprachiger Literatur; hier gibt es nicht nur Goethe und Schiller, sondern viele Bücher, die am so genannten Protesttag deutscher Studenten, am 10. Mai 1933, in deutschen Universitätsstädten auf Scheiterhaufen geworfen worden sind. Heinrich Manns »Untertan«, Friedrich Wolfs »Professor Mamlock«, Heinrich Heines »Wintermärchen«. Begierig verschlingt der Kriegsschulabsolvent die ihm bisher vorenthaltene »Konterbande«. Er besucht auch politische Vorträge, die im Lager von deutschen Emigranten gehalten werden. »Meine Zweifel an den Motiven, mit denen ich in den Krieg gezogen bin sowie an den Begründungen zur Rechtfertigung des ›Präventivkrieges‹ gegen die Sowjetunion verstärkten sich mehr und mehr. Ich suchte das Gespräch mit anderen, suchte den Gedankenaustausch.«

Er lernt Dr. Ernst Hadermann kennen, einen Studienrat aus Kassel, der schon im Ersten Weltkrieg war, Hauptmann, Träger des Eisernen Kreuzes. Er wurde von den Anderen im Lager gemieden. »Es hieß, er würde kommunistische Propaganda betreiben. Es gab im Lager drei Gruppen unter den Offizieren: die fanatischen Hitleranhänger, die sich apolitisch Gebenden und die Antifas. Letztere waren nur einige wenige, die von den anderen mit feindseligen Bemerkungen bedacht oder ganz einfach ignoriert wurden.«

Hermann lernt Russisch. Über Sprache stellt sich Nähe her. »Ein Wachsoldat besorgte mir ein Wörterbuch und übte mit mir. Im Gymnasium hatte ich nur Französisch, Englisch, Latein und Alt-Griechisch.« Dann zitiert Hermann-Ernst Schauer die ersten Sätze aus der »Odyssee«, in Homers Sprache:

Sage mir, Muse,
die Taten des vielgewanderten Mannes,
welcher so weit geirrt,
nach der heiligen Troja Zerstörung,
vieler Menschen Städte gesehn,
und Sitte gelernt hat,
und auf dem Meere
so viel' unnennbare Leiden erduldet,
seine Seele zu retten
und seiner Freunde Zurückkunft.
Aber die Freunde rettet' er nicht,
wie eifrig er strebte;
denn sie bereiteten selbst
durch Missetat ihr Verderben:
Toren!

Ich bin beeindruckt und frage mich nicht mehr, wie er, der doch nur das Kriegshandwerk erlernt hat, nach dem Krieg in die Zentralverwaltung für Volksbildung unter Paul Wandel und dann ins Ministerium für Kultur der DDR gelangen konnte. »Ich habe sämtliche Minister begleitet, vom ersten bis zum letzten.« Der erste, Johannes R. Becher, wollte ihn als Referenten einstellen, doch Hermann-Ernst Schauer lehnte im jugendlichen Hochmut ab: »Ich möchte eine richtige, verantwortliche Tätigkeit.« Das traf den Dichter hart. »Becher hat mir das nie verziehen. Er war gekränkt. Und das Schlimmste: Sein persönlicher Mitarbeiter wurde nun Karl Tümmler, Sekretär des Kulturbundes in Thüringen. Eines Tages kam heraus, dass dieser zur Wachmannschaft in einem KZ gehört hatte. Das war für Becher ein Schock. Er hielt mir vor: ›Schauer, wenn Sie mich damals nicht im Stich gelassen hätten, dann wäre das nie passiert.‹«

Unter welchem Minister hat er am liebsten gearbeitet? Hans-Joachim Hoffmann. Die Antwort kommt ad hoc. »Das war ein verhinderter Demokrat.« Schauer ergänzt: Im Juni 1988 hatte Hoffmann dem Westberliner Magazin »Theater heute« ein Interview gegeben: »Das Sicherste ist die Veränderung.« Das brachte ihm eine Vorladung und Standpauke beim Ideologie-Sekretär der SED, Kurt Hager, ein.

Hat Hermann-Ernst Schauer Ähnliches erlebt? Seine Frau Ursula, langjährige Dozentin an der Kunsthochschule in Berlin-Weißensee, antwortet für ihren Mann: »Er galt als Formalist.« Das ist ihm offenbar etwas unangenehm: »Ich will mich nicht als ›Widerstandskämpfer‹ in der DDR gerieren!« Und dann erzählt er doch, wie er beispielsweise um Konrad Wolfs Film »Die Sonnensucher« gekämpft hat. Kannte er die Gebrüder Wolf aus den Kriegsjahren? Nein, Markus Wolf habe er damals nur flüchtig kennengelernt. Aber nach dem Krieg arbeitete er mit ihm im Rundfunk zusammen, hat mit ihm die Sendung »Ein Sechstel der Erde« gestaltet, »um die Wahrheit über die Sowjetunion zu verbreiten und den Deutschen ihre Russenphobie auszutreiben«. Der Titel der Sendung geht zurück auf ein 1947 erschienenes Buch, verfasst vom damaligen Dekan von Canterbury. Wir grübeln: Wie hieß dieser nur? Wir müssen nachschlagen: Hewlett Johnson.

Hermann-Ernst Schauer wirkt nun etwas unruhig. Schließlich platzt es aus ihm heraus: »Wollten wir nicht eigentlich über das Nationalkomitee ›Freies Deutschland‹ reden?« Natürlich, wollen wir. Indes, über seine Arbeit für das Komitee bin ich unterrichtet, ich habe sein kleines Erinnerungsbändchen gelesen. Ich will das nicht Gedruckte, noch nicht Ausgesprochene erfahren. Hermann-Ernst Schauer versteht, hat ein Einsehen, bittet aber auch um Nachsicht für sich: »Ihre Spontanität ist mir sehr sympathisch. Aber ich bin ein systematisch denkender Mensch.«

Also unterhalten wir uns nun über die Vorgeschichte des NKFD, »weil sie alle Behauptungen widerlegt, das Komitee sei ein Werk der Russen, allein Stalins Idee gewesen. Hadermann, den ich als meinen Vater im Lager bezeichnen möchte, war

Hermann-Ernst Schauers erster Tag in Kriegsgefangenschaft 12. Juli 1941

eigentlich der geistige Vater des NKFD. Er sprach bereits im Frühjahr 1942 im Kloster von Jelabuga über die Notwendigkeit der Konstituierung einer antifaschistischen deutschen Offiziersgruppe«. Sehr gut kann sich Hermann-Ernst Schauer noch an dessen »Manneswort eines Hauptmanns« erinnern: »Wo ist Lessing, der Lehrer der Toleranz und Humanität, wo Herder, der uns den Stimmen der Völker zu lauschen lehrte, wo Schiller, der Dichter der Freiheit? Wo Goethe, der Hüter edelster Menschenbildung, wo Denker von der Weltweite eines Leibniz, Kant... Das deutsche Antlitz ist verhüllt, und dem Ausland zeigt sich nur das Zerrbild des deutschen Volkes. Der deutsche Geist ist geschmäht und die brutale Gewalt triumphiert.«

An jenem Tag im Mai 1942 im Offizierslager nahe der tatarischen Hauptstadt Kasan hält auch Hermann eine Rede, seine erste: »Kameraden, ich spreche zu Ihnen als deutscher Jugendlicher.« Er fühle sich betrogen und nicht mehr an den Fahneneid gebunden. Er schloss mit Ernst Moritz Arndt: »Das ist wahre Soldatenehre, dass kein König und Fürst, keine Gewalt oder Knechtschaft den edlen und freien Menschen zwingen kann, das Schändliche oder Unrechte zu tun oder tun zu helfen.«

Wurde er daraufhin im Lager von den anderen Offizieren, die ihren Eid auf Hitler nicht zu brechen gedachten, angefeindet? Ja. Suspekt war er jenen schon seit seiner Gefangennahme, bei der er verwundet worden war. Er hat sich von einem jüdischen Arzt behandeln lassen, was die anderen strikt ablehnten. Hermann jedoch sagte: »Arzt ist Arzt.« Eines Nachts wurde er von seiner Pritsche gezogen, gefesselt, geknebelt und in einem Sack gesteckt. »Zum Glück hat ein sowjetischer Wachposten etwas bemerkt und dem Treiben ein Ende gesetzt.« Wäre dieser nicht eingeschritten, wer weiß...

Hermann-Ernst Schauer zeigt mir einen Artikel, der vor kurzem in der »Süddeutschen Zeitung« über ihn erschienen ist. Der Autor hat fair, sachlich berichtet. Die Redaktion erhielt daraufhin einen empörten Leserbrief: »Solche Leute gehören heute noch erschossen.« Da ist es immer noch – das Stigma des »Landesverräters«, über sechs Jahrzehnte nach dem Krieg, nach dem Hitlerreich.

»Die Initiatoren des NKFD waren Kriegsgefangene«, wiederholt Hermann-Ernst Schauer. »Es ist eine der größten Lügen der Geschichtsschreibung über das Komitee, dass es bolschewistische Propaganda betrieben habe. Das hat damals schon das Oberkommando der Wehrmacht behauptet. Man muss ein Ignorant oder böswillig sein, wenn man diese Lüge heute noch kolportiert. In keinem einzigen Dokument des NKFD findet sich eine kommunistische Parole. In der Stunde der höchsten Gefahr haben wir als Patrioten unser Leben zur Rettung unseres Vaterlandes eingesetzt. Wir fühlten den Zwang zur Tat.« So hat es auch im Manifest des NKFD geheißen.

Ist an dem bis heute dominierenden Zerrbild nicht auch teilweise die Geschichtsschreibung der DDR schuld? Hermann-Ernst Schauer nickt. »Da ist viel falsch gemacht worden, der kommunistische Beitrag wurde in der offiziellen Propaganda überhöht.« Natürlich waren Kommunisten beteiligt. Und selbstverständlich wäre die Gründung des NKFD ohne Stalins Zustimmung nicht möglich gewesen. Hadermann, weiß Hermann-Ernst Schauer, hat Erich Weinert, den Dichter, überzeugen können, wenigstens im Komitee seinen doch sehr klassenkämpferischen Duktus etwas abzumildern.

Die Gründung des NKFD findet im Gebäude des Ortsowjets in Krasnogorsk am 12./13. Juli 1943 statt. Etwa 300 Offiziere und Soldaten sowie Politemigranten sind versammelt. An der Stirnseite des Saales prangt die Losung »Für ein freies, unabhängiges Deutschland«. Eine schwarz-weiß-rote Fahne schmückt den Raum. Als erster spricht Weinert. Es gebe nur einen Befehl für Soldaten und Offiziere und dies sei der Befehl des nationalen Gewissens, die Rettung Deutschlands und seine Wiedergeburt als freie Nation: »Hitler ist verloren, aber nicht Deutschland.« In der anschließenden Diskussion spricht Leutnant Bernd von Kügelgen über von Einsatzkommandos der Wehrmacht begangene Kriegsverbrechen. Er rührt ein Tabu an. Obwohl die Offiziere darum wissen, mit eigenen Augen gesehen haben – auch Hermann. Drei Wochen nach dem Überfall war er mit seinem Krad an zusammengetriebenen russischen Kriegsgefangenen vorbeigefahren. Etwas abseits von jenen sah er vier am Boden liegende, aneinander gefesselte Kommissare. Der junge Leutnant kannte den Kommissarbefehl. »Ich war in meiner Offiziersehre verletzt. Man kann doch nicht Wehrlose erschießen!« Das verstieß gegen das Kriegsrecht, gegen die Haager Landkriegsordnung. Hermann-Ernst Schauer beichtet: »Ich war in diesem Moment erleichtert, dass ich auf Spähtrupp musste.«

Am zweiten Tag der Zusammenkunft in Krasnogorsk wird das »Manifest des Nationalkomitees Freies Deutschland an die Wehrmacht und das deutsche Volk« verabschiedet: »Die Ereignisse fordern von uns Deutschen unverzüglich eine Entscheidung... Die Weiterführung des aussichtslosen Krieges würde das Ende der Nation bedeuten. Aber Deutschland darf nicht sterben! Es geht jetzt um Sein oder Nichtsein unseres Vaterlandes.« Der Vorstand wird gewählt. Darin vertreten sind u.a. Max Emmendörfer und Heinz Kessler, die Schriftsteller und Dichter Johannes R. Becher, Willi Bredel, Erich Weinert und Friedrich Wolf, der Dramaturg Gustav von Wangenheim, ebenso die Kommunisten Wilhelm Pieck, Walter Ulbricht, Peter Florin, Anton Ackermann und Martha Arendsee. Dann erklingt das Lied »Brüder, zur Sonne zur Freiheit«. War dieses alte Sozialisten-Lied nicht eine Zumutung für nationalkonservative Offiziere? »Vielleicht«, räumt Hermann-Ernst Schauer ein. Die Wahl dieses Liedes erscheint ambivalent, auch wenn die Teilnehmer es sicher nicht wussten: »Brüder, zur Sonne zur Freiheit« ist die Nachdichtung eines russischen Liedes, verfasst von Leonid Petrowitsch Radin in einem Moskauer Gefängnis und erstmals 1897 von politischen Gefangenen gesungen. Es begleitete die russischen Revolutionäre 1905 und 1917.

An der zwei Monate später, am 12./13. September 1943, in Lunowo folgenden Gründung des Bundes Deutscher Offiziere ist Hermann wieder dabei. »Meine Baracke hat mich delegiert.« Die problematische Sache mit dem Fahneneid, die alle bewegt, spricht Generalmajor Lattmann an: »Wir haben unseren Eid auf die Person Adolf Hitlers geleistet, daran ist nicht zu deuteln.« Aber es gäbe ein Recht zum Lösen eines Eids; es leite sich aus den Geboten her. Ein Christ habe Gott mehr zu gehorchen als einen Menschen. Der Eid auf Hitler sei unsittlich. »Nie haben wir diesen Eid geleistet, um ihn oder uns zum ›Herrn von Europa‹ zu machen«, betont Lattmann.

Als Hermann die Konferenz verlässt, ist er frohen Mutes. »Wir fühlten uns bestätigt und ermutigt.« Er besucht eine Antifa-Schule. Dort bekennt er, sich eine kleine Lüge erlaubt zu haben. Auf Fragebögen hat er bisher angegeben, sein Vater sei in Frankreich gefallen. Nun offenbart er, dass dieser Major der Wehrmacht und Standortbevollmächtigter für Luftschutz in Rostock sei. Er erntet verständnisloses Kopfschütteln und harsche Kritik, einzig Professor Nikolai Janzen, der Philosophie an der Antifa-Schule unterrichtet, ermahnt ihn freundlich: »Lernen Sie daraus.«

Die Notlüge wird ihm nicht lange angekreidet. Als Ende 1943 deutsche Antifaschisten ausgewählt werden, die zum Einsatz im Hinterland kommen sollen, ist zu seiner Freude auch Hermann dabei. Der Absolvent der Kriegsschule in Potsdam wird erneut militärisch geschult. Auf dem Programm stehen Morsen, Schießübungen, Selbstverteidigung, Fallschirme packen und Kontaktaufnahme unter konspirativen Bedingungen. Auch die Trinkfestigkeit der Eleven wird getestet. Hermann besteht mit »Otlitschno« (ausgezeichnet). Und fortan heißt er Hermann Lahl.

Hermanns zweite, neue Vereidigung erfolgt in Gegenwart von Emmendörfer, dem Vizepräsidenten des NKFD, in einem Dorf namens Sewriki: »Ich, Sohn des deutschen Volkes, schwöre, dass ich solange kämpfen werde, bis das volksfeindliche Hitlerregime beseitigt ist. Ich werde die mir übertragenen Aufgaben getreu erfüllen, ohne mein Leben zu schonen.« Dann erfolgt die Übergabe der Waffen. »Jeder erhielt eine Maschinenpistole, eine Pistole, einen Vorrat am Patronen, einen Proviantbeutel, eine Wolldecke und eine deutsche Uniform ohne Rangabzeichen«, zählt Hermann-Ernst Schauer auf. »Wir wurden in Gruppen eingeteilt. Jede Gruppe wurde mit einer transportablen Druckmaschine mit Ersatztypen und einem bescheidenen Papiervorrat sowie einem Funkgerät ausgestattet.«

In der Nacht vom 26. zum 27. März 1944 sitzt Hermann in voller Montur in einer Douglas, die vom Militärflughafen bei Gomel in Richtung Front startet.

Es dauert nicht lange, da hört er das Tackern von deutscher Flak. Scheinwerfer suchen den Nachthimmel ab. »Uns war mulmig zumute.« Der Pilot müht sich um Ausweichmanöver. Es gelingt ihm. Schließlich kommt der befreiende Befehl: »Fertigmachen zum Absprung«. Die Tür wird entriegelt. »Eisiger Wind pfiff in den Laderaum.« Hermann springt über ein Waldgebiet bei Rudnjansk ab. Fünf Feuer markieren die Landestelle.

Er kämpft nun in den Wäldern Belorusslands, gehört zur Partisanenbrigade »Bolschewiki«. Mit offenen Armen werden er und seine Mitstreiter im Auftrage des Komitees nicht empfangen. »Das ist zu verstehen, nach dem, was wir Deutsche ihnen angetan haben.« Einer, der sich ihm als Sascha vorstellt, brummt nur: »Wenn euch das große Land schickt, wird's wohl richtig sein.« Das Misstrauen bleibt. Zumal später ein Überläufer, »der einzige, der auf unsere Flugblätter hin zu uns kam«, als ein von der Gestapo in Minsk geschickter Agent entlarvt wird.

»Es war wohl aber auch etwas Neid dabei«, vermutet Hermann-Ernst Schauer. Die »vom Himmel gefallenen« deutschen Antifaschisten haben neue Uniformen, frische Wolldecken, einen finnischen Dolch und eine Maschinenpistole. Die Partisanen hingegen, zumeist vom deutschen »Blitzkrieg« überrollte Rotarmisten, trugen teils noch die Kluft vom Kriegsbeginn am Leibe. Und all ihre bescheidene Habe, Waffen und Munition haben sie im Laufe der Jahre hart erbeuten, dem Feind abnehmen müssen.

Hermanns neue Unterkunft ist eine Erdhütte. »Sie sah wie ein großer, moosbedeckter Maulwurfhügel aus. Die Tür war aus dünnen Ästen geflochten. Der Erdboden war innen mit Stroh ausgelegt. Das Mobiliar bestand aus ein paar Holzpritschen und Schemel. Es war feucht und roch muffig.« Aber die Deutschen klagen nicht. Wie könnten sie. Ihre Erdhütten hatten die Partisanen eigens für sie vor ihrer Landung errichtet; sie selbst wohnen in eben solchen. Auch bei der Essensvergabe wird keiner bevorzugt. Es gibt den gewohnten Hirsebrei, Kascha, sowie Speck, Brot, Kräutertee. Je nach Saison wird die Mahlzeit durch Pilze oder Waldbeeren bereichert.

Hermann verfasst Flugblätter, ruft seine Landsleute in Wehrmachtsuniform auf: »Seid Patrioten – beendet den Krieg! Hört uns, denkt nach und handelt.« Insgesamt fertigen die deutschen Antifaschisten 15 Flugblätter in 150 bis 800 Exemplaren an. Sie informieren über die Gründung des NKFD und dessen Ziele, geben die Wellenlängen und Sendezeiten der Rundfunkstation »Freies Deutschland« bekannt. Auf der linken oberen Ecke der Flugblätter findet sich der schwarz-weiß-rote Stempel des Nationalkomitees, darunter der Hinweis: »Bei Begegnung mit russischen Truppen oder Partisanen streckt die Waffen und haltet diesen Ausweis hoch.« Unterschrieben sind die Flugblätter mit: »Gruppe der Bewegung ›Freies Deutschland‹ im Hinterland der 9. Armee«. Den deutschen Antifaschisten ist es nicht gestattet, ihre Flugblätter selbst in den deutschen Garnisonen zu verteilen. Ihre Uniformen sind nicht originalgetreu; sie würden sofort auffallen, ins offene Messer laufen. Den Schmuggel übernehmen Belorussen, die einen speziellen Ausweis und Zugang haben, weil sie Lebensmittel, Holz oder andere Dinge des täglichen Bedarfs bringen. So der Förster Anatoli oder die Bäuerin Nina. Die unverhohlene Skepsis, auf die Hermann bei seiner Ankunft in der Partisanenbrigade »Bolschewiki« stieß, spürt er auch bei diesen beiden, als er ihnen die ersten Pakete mit Flugblättern übergibt. Obwohl Hermanns Partisanenfreund Fjodor versichert: »German swoi. Hermann ist einer von uns.«

Die Arbeit der deutschen Hitlergegner ist mit dem Wohl und Wehe der belorussischen Partisanen eng verbunden. Im Mai 1944 ziehen die Faschisten 40 Bataillone zur Operation »Kormoran« zusammen, um die Partisanenverbände nördlich von Minsk zu zerschlagen. Der Ring schließt sich täglich enger und enger. Die Verbindung zu ihren Unterstützern in der Bevölkerung bricht ab. Manch guter Freund fällt den Feinden in die Hände oder stirbt in deren Kugelhagel. Die deutschen Antifaschisten vergraben ihre Druck- und Vervielfältigungsapparate sowie das Funkgerät. Ihre Waffe ist jetzt die Kalaschnikow. Drei große Gefechte sind zu bestehen. Hermann wird leicht verwundet. Schließlich, nach nervenaufreibenden und verlustreichen Kämpfen gelingt der Durchbruch, der Ring wird gesprengt, die deutsche Front aufgerissen.

Hermann kämpft nicht nur, er verliebt sich auch. »Viel zu oft.« Anlass für Major Djatlenko, ihn zu rügen und ihn an seine feste Freundin in Moskau zu erinnern. Ursula Schauer weiß eine rührende Geschichte zu erzählen: »Als ich mit meinem Mann das erste Mal in Moskau war, hat er gesagt: ›So, jetzt zeige ich dir die Stadt.‹ Unser erster Weg führte zur Metro-Station Ploschadj Revoljuzii, dann zum Sockel vom Marx-Denkmal und schließlich in eine Tschainaja. In der Teestube sagte Hermann zu mir: ›Das sieht hier eigentlich noch aus wie damals. Das gleiche Mobiliar. Aber es ist doch anders, irgendwie trist.‹ Hermann hat mir Moskau mit Julias Augen gezeigt. Die Liebe hat ihm die Tschainaja vergoldet.« In dieser hatten sich Julia und Hermann getroffen; »Platz der Revolution« war der erste Untergrundbahnhof, den sie ihm gezeigt hatte; und zu Füßen von Marx hatten die Liebenden aufeinander gewartet.

Hermann-Ernst Schauer scheint nicht zugehört zu haben. Etwas bewegt ihn. Er ist in Gedanken versunken. Mit ernstem Gesicht nimmt er schließlich den Erinnerungsfaden wieder auf. »Es hat uns sehr gekränkt, dass wir bei der Siegesparade in Minsk am 16. Juli 1944 nicht dabei sein durften.« Das war's also. Dabei hat »German« nicht nur mit dem Flugblatt und der Waffe gekämpft; der Sohn einer Krankenschwester diente seinen Partisanen und Dorfbewohnern auch als Sanitäter. Und noch Monate nach der Befreiung Belorusslands durchstreifte er belorussische Wälder, auf der Spur von versprengten, fanatischen faschistischen Einheiten.

Als auch dieser letzte Einsatz erledigt ist, werden die deutschen Partisanen über Minsk nach Moskau gebracht. Weinert empfängt sie im Haus des Nationalkomitees. Nach der offiziellen Verabschiedung geht es mit einem Auto zum Belorussischen Bahnhof. Julia wartet dort auf Hermann. Major Djatlenko hat sie benachrichtigt. »Wir wollten einander so viel sagen und schweigen«, erinnert sich Hermann-Ernst Schauer. »Doch dann sagte Julia: ›German, dorogoi moi. Du hast dich entschieden. Von diesem Bahnhof fahren alle Züge nur nach Westen.‹«

Ende der 60er Jahre hat Hermann-Ernst Schauer die Gelegenheit, die einstige Geliebte in Moskau wieder zu treffen. Die verstrichenen Jahre sind nicht auszuradieren. Beider Leben hat andere Wege genommen. »Sie hat geheiratet und vier Kinder bekommen. Und inzwischen war auch ich verheiratet.«

Wie würde er seine Arbeit für das Nationalkomitee bilanzieren? Wie erfolgreich waren die Agitatoren des NKFD? Hermann-Ernst Schauer nennt ein Beispiel: Eines Tages habe ihn Major Nikolai Djatlenko mit einem fremden Flugblatt über-

Hermann-Ernst Schauer

rascht. Unter der Überschrift »Warum kommen keine Kriegsgefangenenbriefe aus Russland?« wurde darauf versichert: »Alle Kriegsgefangenen schreiben nach Hause... Aber nur Frau Feldmarschall Paulus und die Damen der Generäle bekommen, streng vertraulich, die amtliche Bestätigung, dass deren Gatten in russischer Gefangenschaft und wohlauf sind.« Um die Heimatfront weiterhin an das Gespenst vom blutrünstigen »bolschewistischen Untermenschen« und die Notwendigkeit des »Endsiegs« glauben zu lassen, waren Briefe von in Russland in die Gefangenschaft geratenen Wehrmachtsangehörigen abgefangen und zurückgehalten worden.

Auf dem Flugblatt, das Major Djatlenko Hermann überreicht, ist der Brief eines S. Kleinfeldt aus Rostock an einen Werner Kleinfeldt mit der Feldpostnummer 40587 A abgedruckt. Letzterer hatte offenbar an der Front ein Flugblatt des NKFD in die Hände bekommen und nach Hause geschickt, auf dem Hermanns Gefangenschaft annonciert war. S. Kleinfeldt suchte daraufhin die Familie Schauer in Rostock auf: »Die Eltern waren hocherfreut, ein Lebenszeichen von ihrem Jungen zu erhalten... Sie haben schon 1½ Jahre nichts von ihm gehört.« Ihnen sei gesagt worden, ihr Sohn wäre bei einem Spähtruppunternehmen umgekommen. »Die Eltern haben mir immer wieder gedankt und die Hand geschüttelt«, schrieb S. Kleinfeldt an W. Kleinfeldt.

Auch Herman ist hoch erfreut, als er diese Zeilen liest. Er ist den Kleinfeldts dankbar für deren Mut. Denn die Weitergabe feindlicher Flugblätter gilt als »Feindbegünstigung« und ist strafbar. Nach dem Krieg wird Hermann-Ernst Schauer von seinem Vater nicht minder überrascht. Der Standortbevollmächtigte für den Luftschutz in Rostock hat eine stattliche Sammlung von Flugblättern. »Er hat sie von verschiedenen heimkehrenden Soldaten bekommen und aufbewahrt. Das hätte ich von ihm nie erwartet.«

Hat Hermann-Ernst Schauer noch Kontakt zu seinen Partisanen? »Aber natürlich!« Im Laufe der Jahrzehnte hat er über 400 Briefe aus Belorussland erhalten, aus Minsk und Saretschi. Im ehemaligen Partisanendorf gibt es jetzt ein Telefon. Zum Jahreswechsel kamen Grüße. Hermann-Ernst Schauer bedauert, dass sein Freund Boris ihn nicht besuchen will. »Ich danke für die Einladung nach Deutschland. Doch irgendwie zieht es mich nicht dorthin. Zu stark sind die negativen Erinnerungen noch«, schrieb Boris ihm. Und: »Du, German, standest auf der anderen Seite der Barrikade, von Dir kann ich sagen: Du gehörst zu uns.«

Der deutsche Partisan nahm mehrfach an Partisanentreffen in Minsk teil. Er reicht mir einen Artikel, aus einer Minsker Zeitung. In dicken kyrillischen Buchstaben ist über jenem zu lesen: »Wsje ljubjat German!« Alle lieben Hermann. Berichtet wird von einem Wiedersehen mit den alten Kameraden von der Partisanenbrigade »Bolschewiki«.

»Letztlich hatte mein Vater Recht«, resümiert Hermann-Ernst Schauer und wiederholt: »Ihm war von Anfang an klar: Russland anzugreifen, würde in einer nationalen Katastrophe münden. Mein Vater war ein Anhänger von Bismarcks Bündnispolitik, die Russland einschloss. Als großes Vorbild in unserer Geschichte sah er die Freiheitskämpfe gegen Napoleon.« Auch auf den Flugblättern des Nationalkomitees war nicht von ungefähr immer wieder Napoleons gescheiterter Russlandfeldzug und die 1812 in Tauroggen beschlossene deutsch-russische Waffenbrüderschaft beschworen worden.

Nein, ein »Russenfreund« ist der Vater nicht gewesen. »Als die Sowjets Rostock einnahmen, ist er zu seiner Schwiegermutter nach Coburg, nach Bayern abgehauen«, sagt Hermann-Ernst Schauer. »Die Sowjets hätten ihn gern bei sich gehabt, von seinen Erfahrungen bei der Verteidigung von Luftraum profitiert. Aber soweit ging seine Russenliebe nicht.« Hermanns Mutter und eine Schwester folgen ihm; die anderen beiden Schwestern bleiben in der sowjetischen Besatzungszone, arbeiten später als Lehrerin respektive medizinisch-technische Assistentin in Rostock. »Um mich hat Vater noch lange hart gekämpft. Er versuchte, mir das Leben im Westen in den schönsten Farben zu schildern, um mich hinüber zu locken. Aber ich bin ein sturer Kopf. Ich hatte mich entschieden, ein neues Deutschland mit aufzubauen, ein demokratisches, ein sozialistisches Deutschland.«

Was meint der ehemalige Wehrmachtsoffizier zu den kriegerischen Auslandseinsätzen der Bundeswehr heute? Er antwortet mit einer Ballade:

Der Schnee leis stäubend vom Himmel fällt,
Ein Reiter vor Dschellalabad hält,
»Wer da!« – »Ein britischer Reitersmann,
Bringe Botschaft aus Afghanistan.«
Afghanistan! Er sprach es so matt;
Es umdrängt den Reiter die halbe Stadt,
Sir Robert Sale, der Kommandant,
Hebt ihn vom Rosse mit eigener Hand.
Sie führen ins steinerne Wachthaus ihn,
Sie setzen ihn nieder an den Kamin,
Wie wärmt ihn das Feuer, wie labt ihn das Licht,
Er atmet hoch auf und dankt und spricht:
»Wir waren dreizehntausend Mann,
Von Kabul unser Zug begann,
Soldaten, Führer, Weib und Kind,
Erstarrt, erschlagen, verraten sind.
Zersprengt ist unser ganzes Heer...

Die hören sollen, sie hören nicht mehr,
Vernichtet ist das ganze Heer,
Mit dreizehntausend der Zug begann,
Einer kam heim aus Afghanistan.«

Theodor Fontanes »Das Trauerspiel von Afghanistan« erinnert an die Vernichtung einer britischen Streitkraft in den Gebirgsschluchten des Hindukusch 1842; überlebt hatte nur einer – der Militärarzt. »Gott schütze uns vor der Rache der Afghanen«, hat man damals in Merry Old England gebetet.

Hermann-Ernst Schauer, geboren am 28. Januar 1923, war nach dem Krieg zunächst im Rundfunk der sowjetischen Besatzungszone in der Masurenstraße in Berlin tätig, anschließend Leiter der Rundfunkschule, dann Chefredakteur beim ADN und schließlich in der Zentralverwaltung Volksbildung unter Paul Wandel, wo er Leiter der Abteilung Kunst wurde. Am 7. Januar 1954 war er bei der Gründung des Kulturministeriums der DDR dabei und wurde Referent beim ersten Kulturminister Johannes R. Becher. Bis zum Ende der DDR bekleidete er im Kulturministerium verschiedene verantwortliche Funktionen.

Der Himmel über Lyon war nicht wolkenlos

Ernst Melis über die Eröffnung der Zweiten Front am 6. Juni 1944

Die Invasion kam nicht ganz überraschend – jedenfalls nicht für die Kämpfer der Résistance. »Weil wir unsere Ohren am Radio hatten«, erklärt Ernst Melis, ein Deutscher im französischen Widerstand. »Verschlüsselte Sprüche aus London deuteten daraufhin, dass demnächst etwas geschehen werde: Der Apfel ist reif. Der Onkel besucht dich bald....«

Die Codes sind für die Armée secrète bestimmt, die Untergrundarmee, die von General de Gaulle von London aus kommandiert wird. Mit den Gaullisten, aber mehr noch mit dem »Combat« und »Maquis« sowie den »Francs-Tireurs« – stehen Melis und Genossen in engem Kontakt. Auch mit belgischen, holländischen, jugoslawischen und jüdischen Gruppen. Man tauscht Informationen aus über die Besatzungsmacht und den Frontverlauf, unterstützt sich materiell und finanziell. In den frühen Morgenstunden des 6. Juni 1944, noch bevor der gallische Hahn kräht, dringt über den Äther die verheißungsvolle Nachricht: »Der Himmel über Frankreich ist wolkenlos.« Nun wissen Melis und seine Gefährten in Lyon, dass die lang erhoffte Eröffnung der Zweiten Front endlich erfolgt. Wo? An der Küste der Normandie, wie sie bald durch offizielle Nachrichten erfahren. »Wir haben uns sogleich, gegen acht oder neun Uhr, im Lokal von Alfons, einem Gaullisten, dessen Herz links schlug, getroffen.« Nicht, um das Ereignis zu feiern. Nein, »um zu beraten, was wir nun tun können zur Unterstützung der Alliierten. Es war klar, dass in den nächsten Tagen ganze Formationen deutscher Truppen losgeschickt werden. Wir sind sofort aktiv geworden, haben ein Flugblatt verfasst und es dort verteilt, wo deutsche Soldaten konzentriert waren.« Das war in Lyon zum Beispiel ein Flugplatz, der den Namen »Drei Füchse« trug. Dort wurden die Kräfte zusammengestellt, die als Reserve an die Normandie zur Abwehr der Invasion der Alliierten geworfen werden sollten. »Und dort legten wir bereits in der nächstfolgenden Nacht unsere Flugblätter aus: ›Macht Schluss mit dem Krieg. Es hat keinen Sinn mehr, das Leben zu riskieren.‹«

Wie hat es Ernst Melis in das Land des Weins und der Großen Revolution verschlagen? Der gelernte Dreher wurde in Deutschland steckbrieflich gesucht. Wegen antimilitaristischer Arbeit in der Reichswehr – »Zersetzungsarbeit«, wie die Bürokraten notierten – war gegen ihn schon 1928 ermittelt worden, 1932 sollte ihm von der Justiz der Weimarer Republik der Prozess gemacht werden. Er tauchte unter, lebte fortan in der Illegalität und leistete nach Hitlers Machtantritt in Hannover antifaschistische Arbeit – bis der Boden ihm zu heiß unter den Füßen wurde in Deutschland. Auf Anraten der Genossen geht er Ende 1933 außer Landes. Der Veteran zeigt mir eine Liste vom Mai 1933, auf der auch »der flüchtig gegangene Kommunist Melis, Ernst, Deckname Ernst Kurt« zur Fahndung ausgeschrieben ist. Die Nazis wollten ernst machen.

Ernst flieht nach Holland. Kurier- und Aufklärungsdienste für die KPD und die Komintern führen ihn weiter nach Schweden und Finnland. Ende 1938 verlässt er die gerade per Münchner Diktat zerschlagene Tschechoslowakei, um fortan in Paris an der »Deutschen Volkszeitung« mitzuwirken.

Am 14. Mai 1940 wird er von der französischen Militärpolizei verhaftet. Die deutsche Wehrmacht steht an den Grenzen Frankreichs. Belgien, Holland, Luxemburg sind innerhalb einer Woche überrollt. Dem »drole de guerre«, dem »komischen Krieg« des Westens nach dem deutschen Überfall auf Polen, folgte Hitlers Blitzkrieg gen Westen. »Die französischen Soldaten hatten die Nase voll, desertierten in Scharen«, erzählt Ernst Melis. In eine der täglichen Razzien der Militärpolizei gerät André Thomas, wie der deutsche Antifaschist nunmehr laut seiner von Genossen besorgten Carte d'Identité heißt. Er kann sich zwar den Beamten erklären, er sei kein Angehöriger der französischen Streitkräfte, und doch wird er nicht entlassen, sondern Anfang Juni, als die Wehrmacht schon vor Paris steht, in ein Lager interniert, das für tausende deutsche Kriegsgefangene eingerichtet worden war – in Unterschätzung des hochgerüsteten und schlagkräftigen Aggressors. »Wir waren vierzehn Mann in diesem Lager, vor allem Emigranten.«

Ernst gelingt die Flucht, an dem Tag, als die Achsenmacht Italien Frankreich den Krieg erklärt. Gleich Tausenden Franzosen und Emigranten unterschiedlichster Nationalität, Frauen, Männer, Kindern, versucht er, sich nach Süden durchzuschlagen. Mit ihm ziehen auch einige deutsche und österreichische Kampfgefährten zu Fuß über die verstopften Landstraßen, über Wiesen, durch Wälder und Felder, durchs Gebirge. Die Gruppe von Ernst findet zeitweilig Obdach bei gutherzigen Franzosen, so bei der Familie Cariven. Der Sohn eines begüterten Weingutbesitzers und dessen deutsche Frau Lisa, vor dem Krieg Vertreterin einer Schallplattenfirma in Berlin, umsorgen und beköstigen diese anderen Deutschen liebevoll, stellen ihnen eine große Scheune als Unterkunft zur Verfügung. »Das ging ganz gut, bis wir endlich selbstständig sein und unsere antifaschistische Arbeit wieder aufnehmen wollten.«

Toulouse gleicht einem Bienenhaus. »Ein völliges Chaos, man konnte sich nur mit den Ellenbogen durch die Hauptstraßen wühlen.« 120 000 Einwohner zählte die Stadt in Friedenszeiten, nun muss sie 600 000, schließlich sogar 800 000 Menschen aushalten. Flüchtlinge aus dem Norden. Hier die Genossen wieder zu finden, muss der Suche nach der Stecknadel im Heuhaufen gleichen. »So schwer war das nicht«, sagt Ernst Melis. »Man traf sich, wo es lebenswichtige Güter gab.«

Ernst Melis

Alte und neue Kontakte wurden geknüpft, erinnert sich der 95Jährige, dessen Wohnung am Frankfurter Tor in Berlin Aquarelle von Marc Chagall schmücken. Und Zeichnungen von Max Ligner, der schon vor Hitlers Machtantritt in Deutschland sein Atelier in Paris aufgeschlagen hatte. Ein Blatt zeigt stolz ausschreitende Résistancekämpfer, ein anderes ist der Befreiung von Paris am 25. August 1944 gewidmet.

»In Toulouse traf man Gott und die Welt«, sagt Ernst Melis. Im Hotel Metz hat die belgische Regierung Unterschlupf gefunden, »die ganze Bande, der Premier und seine Minister und sogar einige Soldaten. Jeden Morgen wurde Appell geblasen.« Trotz Niederlage und Ohnmacht wird auf die Zeremonien verlorener staatlicher Souveränität nicht verzichtet. Die Belgier haben – und dafür sind Ernst und Genossen besonders dankbar – ihr Rotes Kreuz vor Ort, »eine ausgezeichnete Organisation«. Deren Mitarbeiter geben in der großen Markthalle von Toulouse Essen aus. Für mittellose Emigranten ein Segen. Sie bleiben indes nicht lange ohne Mittel. Jahrelanges Exil macht erfindungsreich.

»Kurz vor dem 14. Juli 1940 sind wir in Toulouse eingetroffen«, erinnert sich Ernst Melis. »Wir ließen uns in der Kaserne Niel demobilisieren. Wir hatten keine Papiere mehr. Da war ein solcher Andrang, ein solches Chaos, da hat keiner genau nachgefragt, wer man ist und woher man kommt. Wir haben uns als angebliche Soldaten demobilisieren lassen. Man musste nur seinen Namen nennen, bekam einen Demobilisierungsschein und einen Scheck für 800 Francs. Das Geld konnte man sich dann bei jeder Mairie, Bürgermeisterei, abholen.« Verschmitzt fügt Ernst Melis hinzu: »Einer unserer Kameraden hat in einem unbeobachteten Augenblick lange Finger gemacht und einen Stapel Blanko-Scheine vom Schreibtisch stibitzt. Damit konnten wir mehreren Genossen Papiere verschaffen, auch deinem Großvater.« Das wusste ich noch nicht.

Es gab einige Irritationen unter den deutschen Emigranten, erinnert sich Ernst Melis. Soll man, nachdem nun auch Frankreich kapituliert hat, nach Deutschland zurückkehren? Und dort im Untergrund arbeiten? Wie es in einer Parole hieß, die von einem Mann in Belgien ausgegeben wurde. Ein Agent provocateur? »Nein, nein, nein«, wiegelt Ernst Melis ab. »Der wurde als ein Mann von der Komintern deklariert. Ob das so stimmt, weiß ich nicht.« Es wäre Selbstmord gewesen, dessen Rat in die Tat umzusetzen. »Einige Genossen aus Vernet sind der Parole gefolgt. Sie sind alle eingelocht worden.« War diese Verwirrung Folge des im Jahr zuvor geschlossenen Hitler-Stalin-Paktes?

Ernst und Genossen jedenfalls beschließen: »Unser Kampffeld ist jetzt da, wo deutsche Soldaten sind.« Und diese sind überall, auch in der unbesetzten Zone, in Südfrankreich. Die Okkupationsmacht ist allgegenwärtig, hat die Flughäfen unter Kontrolle, die Eisenbahn und die kriegswichtigen Betriebe. Wie ist unter ihnen am besten Agitation zu betreiben? Mit Handzetteln und Flugblättern: »Deutschland muss leben – deshalb muss Hitler fallen.«

Hanns Kralik, der in den 20er Jahren an der Kunstakademie in Düsseldorf studiert hatte und dem die Flucht aus dem KZ Börgermoor gelungen war, übernimmt die grafische Gestaltung. Er entwirft auch den Kopf der später erscheinenden Zeitung »Soldat am Mittelmeer«, die sich im Untertitel als »Organ der Soldatenorganisation« ausweist. Eine fiktive Organisation. Für deren Inhalt sind Ernst und der Österreicher Oskar Großmann verantwortlich. Ihn kennt Ernst aus gemeinsamer Arbeit in Prag und Paris. Großmann wird kurz nach der Landung der Alliierten in der Normandie in die Hände der Gestapo fallen, »viehisch gefoltert und dann ermordet«.

Wie viele Verluste sie in ihren Reihen noch zu beklagen haben werden, ahnen die Illegalen nicht, als in Villeurbanne, einer Industrie- und Arbeiterstadt am östlichen Stadtrand von Lyon, die ersten Exemplare ihres »Soldaten am Mittelmeer« fertig gestellt sind. In der Wohnung von Hanns und Lya Kralik finden die Redaktionssitzungen statt. Es ist nicht immer leicht, Papier und Druckerschwärze zu besorgen. Und Linoleum für die Schnitte, die Kralik anfertigt, zur Illustrierung ihrer Aufrufe: »Tod an der Front und in der Heimat. Rette dich!« Ein Soldat in voller Montur hängt im Stacheldraht. Auch Vervielfältigungsgeräte brauchen die Antifaschisten. Französische Patrioten helfen; das begehrte Material kommt aus einem Laden für Büromaschinen in Lyon und einer Druckerei in Toulouse. Ab und an gelingt es, in Büros der Wehrmacht Papier abzuzweigen. In Zeiten absoluter Materialknappheit muss Zigarettenpapier genügen – gut für die Flüsterpropagan-

da, für kurze, einprägsame Parolen: »Gebt Frankreich frei!« Oder: »Schießt nicht auf Franzosen!« Und: »Frieden oder Friedhof – Rettet euer Leben«.

Die fertig gestellten Flugblätter und Zeitungen werden an Haltestellen der Vorortbahn übergeben. Da kann man beim Ein- und Aussteigen unbemerkt Koffer und Rucksäcke wechseln. Bei der Verschickung der Zeitungen und Flugblätter kommt auch dem Feldpostamt in Toulouse eine wichtige Rolle zu. »Wir hatten dort einen Vertrauensmann, der die von der Zensur freigegebenen Sendungen einsacken durfte. Er schummelte in jeden Sack einige von unseren Materialien und nummerierte die Postsäcke irreführend, so dass im Fall einer Kontrolle die Spur nicht zu ihm und uns zurückzuverfolgen war.«

Die Illegalen beweisen viel Fantasie. Sie zerschnippeln Briefmarken mit dem Bildnis von Marschall Pétain, dem Kollaborateur, und kleben dieses auf die linke Ecke von Zwanzig-Franc-Noten, in die Stricke des dort abgebildeten Fangnetzes, das ein bretonischer Fischer aus dem Meer zieht. Bald haben Ernst und Camarades selbst ein dichtes Netz geknüpft. Die Matrizen der Zeitung, Hand- und Klebezettel werden in Montpellier, Marseille, Sète, Béziers und Carcassonne vervielfältigt. Dank der österreichischen Gruppe um Großmann hat sich ein sprudelnder Quell von Informationen aus deutschen Heeresdienststellen, der Organisation Todt, den Fliegerhorsten in Bron und Montélimar sowie Militärlazaretten aufgetan. Artikel und Flugschriften sollen den Nerv der Landser treffen, müssen also authentische Stimmungen wiedergeben. Diese gewinnen Ernst und Genossen auch in Geschäften, Kneipen und im Kino, wo sie Kommunikationshilfe anbieten. Sie übersetzen die Wünsche der des Französischen nicht mächtigen Eindringlinge. »Wenn man erklärte, dass man aus dem Elsass stammt, war jeder Verdacht zerstreut, warum man so gut deutsch sprach.«

Am 11. November 1942 bringt die deutsche Okkupationsmacht die Zone nono, den bis dahin unbesetzten Süden Frankreichs, unter ihr Regime. Die Alliierten sind in Afrika gelandet. Ernst und Camarades müssen nun noch umsichtiger operieren und zugleich härter arbeiten.

Von französischen Bekannten erhält Ernst einen Pass, der ihn als Händler für die Spedition Schenker Co. ausweist. Das Unternehmen arbeitet für das Bureau d'Achat. Die sich harmlos Einkaufsbüro nennende Besatzungsbehörde hat in jeder größeren Stadt Frankreichs eine Filiale. Angeblich kauft sie kriegswichtiges Material für die Wehrmacht ein. »Doch das war eine riesige Räuberbande, die ihre Agenten überall hin schickte, um auszukundschaften, wo es etwas zu plündern gab. Lebensmittel, Autos, Edelmetalle, Kunstschätze – einfach alles. Die haben Frankreich regelrecht ausgeraubt«, sagt Ernst Melis.

Doch das Dokument von Schenker Co. ist von unschätzbarem Wert. Es ermöglicht, in allen Zügen mitzufahren, illegales Material unbehelligt zu transportieren und harmlose Gespräche zu führen.

Zwei Mal in der Woche rollt der Soldaten-Urlauberzug von Biarritz nach Mühlhausen und zurück. Ernst steigt in Lyon zu, reist einige Stationen mit und lauscht. Was er hört, ist wertvoll für die eigene Arbeit und die bewaffneten Kämpfer der Résistance. Während der Fahrt sucht er vorsichtig das Gespräch mit Wehrmachtssoldaten: »Man musste sich vergewissern, dass sie keine Zutreiber waren.« Ernst macht die Erfahrung, dass die älteren Jahrgänge kaum ansprechbar, »abweisend und borniert« sind, längst resigniert haben. Selten findet sich unter ihnen jemand, der im Arbeitersport oder bei den Sozialdemokraten war und dem Anliegen der Antifaschisten aufgeschlossen ist. »Das waren eher die Jüngeren, von denen wir dachten: Das sind alles Hitler-Buben, die sind in den Nazistaat hineingewachsen, da hat es keinen Sinn.« Doch nach Stalingrad, mit dem Untergang der 6. Armee, greift bei jenen die Auffassung Platz: »Wir sind verraten und verkauft worden. Und wer ist schuld? Der mit dem Bärtchen.«

Einige der Jüngeren sympathisieren mit den Illegalen, nehmen Flugblätter mit und berichteten über Widerstandsgruppen in Deutschland, von denen sie während ihres Heimaturlaubs erfahren haben. Das gibt den deutschen Antifaschisten in Frankreich Mut. Manchmal erhalten sie auch aus Deutschland mitgebrachte Zeitungen. Für sie eine wahre Fundgrube. Es ist wichtig die Sprache des Feindes zu kennen, die Muster der ideologischen Indoktrination und Manipulation zu studieren.

Die Mitfahrt in den Urlauberzügen bietet zudem die Gelegenheit, Adressen zu sammeln. An den Gepäckstücken der Soldaten sind Feldpostnummern vermerkt. Die schreiben Ernst und Genossen heimlich ab. »Da konnten wir unsere Druckschriften per Streifband unter der fiktiven Kennung ›Deutsche Zeitungsverlage GmbH‹ direkt an den Mann bringen«, freut sich der Veteran noch heute.

Von Vorteil ist, dass das deutsche Rote Kreuz an jeder Haltestelle »aus dem großen Weinfass Frankreichs neue ›Munition‹ heranschaffte«. Für die Soldaten, die ihren Urlaub hinter sich hatten, ihren Frust wegspülen mussten. Da haben sich Zungen gelockert.

Unglaublich, was in den Zügen alles liegen gelassen wird: Uniformjacken, Papiere, sogar Waffen. »Die Eisenbahner haben das alles der Wehrmachtsfundstelle zugeführt. Dort hatten wir einen Mann, der einiges beiseite schaffte.« Uniformen und Waffen gehen an die militärischen Einheiten der Résistance, die Papiere sind Gold wert für die Illegalen.

»Es gab eine Zweiteilung in der Résistance«, erklärt Ernst Melis. »Die einen befassten sich mit der Agitation unter den Wehrmachtssoldaten, die anderen unternahmen Sprengstoffanschläge, Überfälle auf deutsche Truppen und Kasernen, Gefangenenbefreiung. Das waren die vom ›Maquis«, zu denen dein Großvater gehörte. Zum ›Maquis‹ und ›Combat‹ hatten wir enge Beziehungen, die Zusammenarbeit mit der Armée secrète hingegen gestaltete sich etwas schwierig.« Warum? »Die hatten Vorbehalte gegen uns, weil wir Kommunisten waren.« Aber es sprach sich schnell herum, was für »eine Sorte Mensch« diese deutschen Kommunisten waren. Man konnte ihnen trauen, auf sie vertrauen. »Wir haben außerdem mit Organisationen zusammengearbeitet, die geflohene Kriegsgefangene auffingen oder Leute, die bei Todt waren und denen die Flucht gelungen ist. Von überallher bezogen wir unsere Nachrichten.«

Im Juni 1943 bereiten Ernst und Camarades in Lyon eine Sonderausgabe des »Soldaten am Mittelmeer« vor. Anlass ist die Zerschlagung von Rommels Afrikakorps. Zu gleicher Zeit dringt französische Polizei in seine Wohnung in Toulouse ein und verschleppt seine Frau Reina, eine Holländerin, sowie Söhnchen François in das Lager Noé. Die Genossen benachrichtigen ihn. Der Schrecken könnte nicht größer sein. Doch noch bevor Ernst wieder in Toulouse ist, haben die Freunde Reina befreit, François leider nicht. Er wird in ein Kinderheim verschleppt und streng bewacht. Man hofft, die Eltern würden ihn aufsuchen. Ernst und Reina tappen nicht in die Falle, so schwer es ihnen auch fällt. Sie sind zuversichtlich: Dieser Krieg geht bald zu Ende. Es dauert noch fast zwei Jahre, bis sie endlich ihren Erstgeborenen wieder in die Arme schließen können. Inzwischen hat Charles, ihr zweiter Sohn, in Carcasonne das Licht der Welt erblickt.

Nach der Bildung des Komitees »Freies Deutschland« für den Westen, Comité Allemagne Libre pour l'ouest, geben Ernst und Genossen auch dessen Blatt, das »Deutsche Volksecho«, heraus. Die »Druckerei Kralik« kann die immens gestiegenen Auflagen nicht mehr bewältigen. Es findet sich ein gutbürgerliches Haus am Place de Terreaux 4. Dort treffen sich die Intellektuellen von Lyon, »dem Kollaborateur Pétain ergebene Schriftsteller, Künstler und Stadthonoratioren«. Der Klub wird von Nadja und Ernst Ostrowsky geführt, Antifaschisten, was die Bohemiens nicht wissen. Ebenso wenig ahnen sie, dass in den Morgenstunden in ihrem Klub die Vervielfältigungsmaschinen rotieren. »Bevor sie zu ihrem Stadtklatsch zusammenkamen, hatten wir die Flugblätter, Zeitungen und Streuzettel aus dem Haus geschafft«, erzählt Ernst Melis.

Gab es Reaktionen auf die Aufklärungsarbeit der deutschen Antifaschisten in Südfrankreich? Ist Erfolg an dieser Front des Krieges messbar? Ja, es gab einige Überläufer. Ein Deserteur erzählte von Birkenau. Er war eine zeitlang ins dortige Wachkommando strafversetzt worden, weil er nach einem Urlaub nicht rechtzeitig zurück bei seiner Einheit war. Von ihm erfahren Ernst und Genossen von der systematischen Ermordung der Juden und Polen. »Berthold Blank hieß er und war früher Mitglied der Sozialistischen Arbeiterjugend gewesen.« Blank schließt sich den bewaffneten Einheiten der Résistance an und fällt im August 1944 bei Espéranza in Südfrankreich.

»Man war natürlich darauf angewiesen, die Wirkung der eigenen Arbeit stetig zu überprüfen.« Wertvolle Dienste leistete hier Karl Katzenberger, ein ehemaliger Interbrigadist, der im Artilleriepark von Lyon arbeitete. Er berichtete, wie die Flugblätter und Zeitungen von den Landsern aufgenommen wurden. »Katzenbergers Berichte sorgten für manche nächtelange Diskussion. Was konnten, was mussten wir verändern, verbessern?«

Wenige Tage nach der Eröffnung der Zweiten Front, am 11. Juni 1944, wird Katzenberger vor den Augen seiner Frau von Feldgendarmen verhaftet. Er versucht zu fliehen und wird von mehreren Schüssen getroffen. »Die ›Kettenhunde‹ schleppten ihn in die Mörderzentrale von SS-Hauptsturmführer Klaus Barbie. Seitdem haben wir nichts mehr von ihm gehört«, sagt Ernst Melis mit belegter Stimme. Der Schmerz um den Freund bleibt.

Nach der Landung der Alliierten in der Normandie bringen Ernst und Genossen fast täglich die Handzettel »Das OKW meldet…« mit einem Linolschnitt von Hanns Kralik heraus. Sie informieren über den wahren Frontverlauf und über verbrecherische »Vergeltungsmaßnahmen« der Okkupanten, so die Auslöschung von Oradour-sur-Glane am 10. Juni 1944 durch ein SS-Bataillon. Die Massaker an Zivilisten bleiben eine unauslöschliche Schande für das deutsche Volk, argumentieren die Antifaschisten auf ihren Flugblättern und in ihren Zeitungen. Auch Lyon bleibt nicht verschont, 130 »Geiseln« werden von den Naziokkupanten erschossen. Solche Nachrichten lösen bei manchen Wehrmachtsangehörigen Nachdenklichkeit und Zweifel aus.

In der Nacht vom 23. zum 24. August 1944 verfassen Ernst und Genossen die letzte illegale Ausgabe ihrer nunmehr dritten Zeitung, »Volk und Vaterland«. Sie informieren, dass Rumänien die Seiten gewechselt, Deutschland die Treue aufgekündigt hat. Und sie fordern die Garnison von Lyon auf, zu kapitulieren. Tags darauf, am 25. August, befreit sich Paris; französische und amerikanische Einheiten ziehen in die Seine-Metropole ein. Die Befreiung von Lyon erfolgt erst am 3. September. »Es war noch einmal sehr dramatisch«, sagt Ernst Melis. Die einzelnen Stadtviertel werden heftig umkämpft, die Francs-Tireurs müssen sich mancherorts jeden Meter Freiheit unter großen Opfern ertrotzen. »Wir saßen in der Zahnarztpraxis eines geflohenen Österreichers in Croix Rousse. Plötzlich ertönte eine gewaltige Detonation. In unserer Nähe war eine Brücke mit Fliegerbomben gesprengt worden. Gesteinsbrocken flogen auf unser Dach. Von den 24 Brücken in Lyon ist keine einzige stehengeblieben.« Nur eine kleine Fußgängerbrücke überstand die »Schlacht um Lyon«.

Am 5. September 1944 sendet Radio Lyon eine von Ernst und Genossen im Namen der Bewegung »Freies Deutschland« gesprochene Hommage auf ihre ermordeten Mitstreiter: »Sie gaben ihr Leben als deutsche Antifaschisten im

Kampf für die Unabhängigkeit Frankreichs und haben damit zugleich dem anderen Deutschland, dem wahren, friedliebenden, demokratischen Deutschland ehrenvollen Dienst erwiesen. Ihrer werden wir immer gedenken.«

Eine letzte Frage harrt der Antwort: War der Himmel über Lyon am 6. Juni 1944 wolkenlos? »Nein. Lyon ist ein Nebelnest«, lacht Ernst Melis. Und dann gesteht er: Natürlich spendierte an jenem Tag Alfons seinen Deutschen, die keine »Boches«* sind, Pinot Noir und Calvados. »Es war ja ein großer Tag, für die Franzosen. Und für uns.« Und der Wirt preist an diesem 6. Juni 1944 seinen Gästen eine ganz besondere Spezialität an: »Tripe à la mode de Caen«. Ein typisches Gericht aus der in jenen Tagen heiß umkämpften Stadt in der Normandie: Innereien mit Zwiebeln und Karotten in Apfelwein gekocht. »Es schmeckte uns ausgezeichnet«, schwört Ernst Melis.

Ernst Melis, geboren am 5. März 1909 in Kassel als Sohn eines Schlossers, wurde 1923 Mitglied der Metallgewerkschaft, 1927 des Kommunistischen Jugendverbandes und im Jahr darauf der KPD. 1930 wurde er für den Militär-Apparat seiner Partei rekrutiert. 1933 emigrierte er über Holland nach Frankreich, besuchte zwischenzeitlich die Internationale Lenin-Schule in Moskau, um dann wieder in Frankreich antifaschistisch aktiv zu sein. Nach dem Einmarsch der Wehrmacht arbeitete er für die Résistance und gehörte dem im September 1943 auch im Westen gegründeten Komitee »Freies Deutschland« (Comité Allemagne Libre pour l'ouest, C.A.L.P.O.) an. Nach der Befreiung von Frankreich arbeitete er für die Zeitung »Nachrichten«, die für deutsche Kriegsgefangene herausgegeben wurde. 1947 nach Deutschland zurückgekehrt, lehrte er an der SED-Parteihochschule, wurde 1951 hauptamtlicher Mitarbeiter beim ZK der SED und war von 1957 bis 1979 stellvertretender Chefredakteur des theoretischen Organs »Einheit«. Von 1953 bis 1989 war er Mitglied der Zentralleitung des Komitees der antifaschistischen Widerstandskämpfer der DDR. Ernst Melis starb am 31. August 2007. Seine Söhne François und Charles sind in die Wissenschaft gegangen, der eine wurde Geistes-, der andere Naturwissenschaftler.

---

*Boches, abfällige Bezeichnung im Französischen für Deutsche

Der Wehrmachtsdeserteur

Kurt Hälker – von der Kriegsmarine über die Résistance zur US-Army

»Achtung! Achtung! Hier sprechen die Beauftragten der Bewegung Freies Deutschland! Deutsche rufen Deutschen zu: Macht Schluss mit dem sinnlosen Blutvergießen! Rettet euer Leben!« Blindwütiges MG-Feuer ist die Antwort, erinnert sich Kurt Hälker beim Gespräch in seiner Berliner Wohnung.

Kurt gehört Ende 1944/Anfang 1945 zu einem kleinen Trupp deutscher Antifaschisten, die an der französischen Ostfront, am Hunnigen-Kanal, in der Nähe von Habsheim bei Mühlhausen ihre Landsleute in Wehrmachtsuniform zum Überlaufen bewegen wollen. Gerade mal 25 Meter trennt sie vom Bataillon Niedermeyer. Da braucht es gar keinen Lautsprecher.

Am ersten Weihnachtsfeiertag des Jahres 1944 – es ist eine mondklare Nacht – wagt sich Kurt auf den Kanaldamm. Von Angesicht zu Angesicht könne man sich besser unterhalten, denkt er sich. Und wirft eine an einem Stein befestigte Schachtel Zigaretten über den knapp zehn Meter breiten Kanal. Zur Unterstützung seiner Überredungskünste. Das Gratisgeschenk tut Wirkung. Man kommt ins Gespräch. Geboren 1922 in Duisburg in einer katholischen Familie, hat Kurt gerade seine Gesellenprüfung als Polsterer abgelegt, als ihn der Einberufungsbefehl zur Kriegsmarine ereilt. Er will nicht als Funker auf einem Kreuzer oder in einem U-Boot, sondern als Fernschreiber auf sicherem Land Dienst tun. Dafür wird er von Kameraden ausgelacht. Denn die drängt es nach Taten, nach Bewährung, Auszeichnung – »für Führer, Volk und Vaterland«. Bereits nach 14 Tagen erhält Kurt seinen Marschbefehl nach Cherbourg, eine Hafenstadt im nordwestlichen Frankreich, Region Basse-Normandie. Dort ist seines Verweilens nicht lange, wenig später wird er nach Guernsey abkommandiert, auf eine der britischen Inseln im Ärmelkanal, der zweitgrößten. Ein Paradies für Natur- und Vogelfreunde.

Am 30. Mai 1940 ist die Insel von der deutschen Wehrmacht besetzt worden. Die nicht auf Guernsey geborenen britischen Staatsangehörigen werden interniert. Die Besatzungsmacht lässt Befestigungsanlagen bauen. Guernsey soll als ein Sprungbrett für die Invasion nach England dienen.

Es scheint auf dieser mit Zypressen und Palmen begrünten Insel gemütlich und ruhig zuzugehen. Mit dem Hafenkommandanten von St. Peter Port kommt Kurt gut aus, und als Fernschreiber genießt er Privilegien. Die Bevölkerung scheint friedfertig, duldsam, der schreckliche Krieg weit weg. Ist er aber nicht.

»Von unserer Fernschreiberbude hatten wir Blick auf die See gen Westen«, erinnert sich Kurt Hälker. »Eines Tages, Anfang 1942, sah ich feindliche Flugzeuge direkt, ganz niedrig, auf den Hafen zu fliegen. Sie warfen ihre Bombenlast zielgenau auf ein gerade einlaufendes Versorgungsschiff ab.« Bei der Abwehr schrillen die Alarmglocken. Woher hat der Feind seine Information? Kurt wird zum Hafenkapitän bestellt. »Der stellte uns einem Marineoffizier, Korvettenkapitän von der Abwehrstelle Rouen, vor. Er hatte seinen eigenen Funker mit, dem wir in unserem Zimmer einen Platz einräumen mussten.« Der Abwehrmann betont: »Was ich tue, geht euch einen Scheißdreck an. Egal, wo ihr mich antrefft, ihr kennt mich nicht.« Zwei, drei Tage später kommt Kurt nachmittags aus der Kantine und sieht, wie etwa hundert Meter von der Hafenkommandantur eben jener Korvettenkapitän einen Inselbewohner blutüberströmt hinter sich her schleift, mehr tot als lebendig.

Noch am gleichen Tag begibt sich der Abwehrmann auf sein Schnellboot, um nach Rouen zurückzukehren. Kurz darauf hält Kurt ein Fernschreiben in den Händen. Es informiert darüber, dass dessen Schnellboot durch britische Jäger versenkt worden ist. »Ich erschrak – über mich selbst. Denn ich habe kein Mitleid empfunden, nur heimliche Schadenfreude«, sagt Kurt Hälker. So duldsam und friedfertig, wie anfangs gedacht, sind die Inselbewohner also nicht, weiß der junge deutsche Gefreite nunmehr.

Im März 1942 wird Kurt versetzt, in die französische Hafenstadt Granville, in der Bucht von Saint Malo gelegen. Hier erfährt er von Geiselerschießungen, fast wöchentlich. »Vergeltung« für bewaffnete Anschläge auf die nicht gelittene Besatzungsmacht. Was ist das für ein Krieg, der nicht von Mann zu Mann ausgetragen wird, sondern gegen wehrlose Zivilisten wütet? Kurt fühlt sich unwohl: »Abhauen, nur weg.« Aber wie und wohin?

Während er sich mit schweren Gedanken trägt, wird er Obergefreiter. Ab November 1942 ist er als Fernschreiber im Marinestab West am Place de la Concorde in Paris tätig, in jenem imposanten Gebäude, das vor dem deutschen Überfall Domizil des französischen Marineministeriums war »und heute wieder ist«. Kurt sitzt an einer sprudelnden Nachrichtenquelle, erfährt die ganze, nackte Wahrheit über den Krieg. Sondermeldungen gehen über den Ticker, die von weiteren Gräueltaten an der französischen Bevölkerung und die Versenkung von Handels- und Passagierschiffen zeugen. Seine Zweifel und Bedenken verstärken sich. Er hat diesen schmutzigen Krieg satt. Nach knapp einem Jahr Dienst in der Kriegsmarine. Noch hat er sich die Hände nicht schmutzig gemacht. Und will es auch nicht tun. In seiner Not vertraut er sich einem Kameraden an, Fröhlich heißt der und ist ein Metallarbeiter aus Remscheid. Der flucht auch: »Alles Scheiße.« Kurt unterbreitet ihm Fluchtpläne. Am besten, so meint er, sei es, sich nach Spanien oder Portugal

Kurt Hälker als Marinefunker

abzusetzen. Diese beiden Länder scheinen ihm weit ab vom Krieg. »Ein irrwitziger Gedanke, was mir aber erst jemand anderes klar machen musste.«

Dieser andere ist der Maat Hans Heisel. Er tritt eines Tages in die Stube, als Kurt und Fröhlich mal wieder über den Krieg schimpfen. Hat er sie belauscht? Fröhlich flieht sofort das Zimmer, Kurt ist starr vor Schreck. Droht ihm jetzt das Kriegsgericht? Der Maat tut unbekümmert, greift nach gerade aus dem Fernschreiber laufenden Papierstreifen und bemerkt nebenbei: »Haben Sie etwas dagegen, wenn ich mich heute Ihrem Ausgang anschließe?« Kurt verneint. Was sollte er sonst erwidern?

Mit klopfendem Herzen meldet er sich zum Ausgang. Um 22 Uhr ist Zapfenstreich, da muss er wieder in der Kaserne sein. Wird er zurückkehren? Der Maat erwartet ihn schon. Mit der Metro fahren sie zum Trocadéro und schlendern an der Seine entlang. Heisel offenbart sich ihm nun: »Ich habe bemerkt, dass Sie mit vielem nicht einverstanden, dass Sie zuweilen bockig sind. Was ist los mit Ihnen?« Kurt druckst herum, schließlich spricht der Maat Klartext: Er habe Kontakte zu deutschen politischen Emigranten und zum französischen Widerstand. »Willst du uns helfen?« Ja, er will.

Wusste er, worauf er sich einließ? Ja und nein. Das Risiko hat er unterschätzt. »Daran hat man nicht gedacht. Wenn man jung ist, ist man spontan und manchmal auch unvorsichtig.« Kurt Hälker bereut seine Entscheidung nicht. Sie verändert sein Leben. Er bewahrt seine Ehre, seine Würde, die eine andere ist als die vieler Deutscher. »Obwohl ich mich jetzt in ständiger Gefahr befand, fühlte ich mich befreit. Mein Leben hatte einen Sinn bekommen.«

Kurt erfährt bald, dass es noch einen Mitstreiter gibt: Arthur Eberhard aus Wuppertal, der ebenfalls Fernschreiber beim Marinestab West ist. »Wir drei bildeten eine antifaschistische Wehrmachtsgruppe«, sagt Kurt Hälker stolz. Es sollte die einzige bleiben, die nicht aufflog und auch nicht auseinander gerissen wird durch Versetzungen. Sie bleiben bis zum Ende zusammen: Hans Heiser, Arthur Eberhard und Kurt Hälker. Sie leiten Nachrichten an zwei Verbindungsfrauen, Maria und Mado, weiter, »die – wie ich später erfuhr – eigentlich Lisa Gavric und Thea Beling hießen«. Weitere Adressen, zu denen ihre Informationen wandern, sind das Atelier eines Schneiders und der Laden eines Friseurs in der französischen Hauptstadt.

Die Drei bemühen sich auch um Aufklärung unter den Kameraden. Kurt nimmt an einem dienstfreien Nachmittag einen Packen Flugblätter entgegen.

Am Abend stopft er sich mehrere Exemplare in die Taschen seiner Uniform und unter die Jacke und sucht das Wehrmachtskino auf dem Boulevard Montmartre auf. Als das Licht im Saal erlischt und der Film beginnt, legt er ein Blatt heimlich auf einen Sitz in der Bankreihe vor ihm. Dann rückt er vorsichtig weiter, platziert wieder ein Blatt, rückt weiter und so fort. Als der Film zu Ende ist und die Landser aus dem Kino strömen, bleibt Kurt sitzen. Er will wissen, ob seine Gaben auch angenommen worden sind. Plötzlich hört er den Aufschrei eines Feldwebels: »Schweinerei!« Einem jungen Gefreiten wird ein Flugblatt aus der Hand gerissen. Der versucht sich zu rechtfertigen: »Ich dachte, das wäre nur ein Reklamezettel.« Das Gros der Kinobesucher, davon ist Kurt Hälker überzeugt, hat schweigend gelesen. Und vielleicht auch verstanden. Und war möglicherweise sogar einverstanden.

Auch im Fuhrpark der Wehrmacht in Paris lassen sich Flugblätter verstekken, auf der Ladefläche der LKWs oder in die Seitentaschen der Türen. Wenn er in den Urlaub nach Hause fährt, nimmt Kurt ebenfalls Agitationsmaterial mit, gut versteckt im Koffer, in Keks- und Zigarrenschachteln. Nachts spaziert er durch die Straßen von Duisburg, steckt die Flugblätter in Briefkästen oder schiebt sie unter Wohnungstüren hindurch. An Häuserwänden hinterlässt er Klebezettel mit antifaschistischen Parolen. Wenn ein Bombergeschwader der Alliierten am Himmel erscheint, ist Kurt besonders erfolgreich. Sie erleichtern ihm die Arbeit, denn dann sind die Straßen menschenleer. »Vor kurzem habe ich gelesen, dass damals in drei deutschen Städten Flugblätter aus Paris aufgefunden worden sind, darunter in Duisburg, meiner Stadt«, berichtet Kurt Hälker stolz.

Vor allem Waffen braucht die Résistance. Und so schmuggeln die drei Antifaschisten vom Marinestab West regelmäßig Handgranaten und Patronen aus der Kaserne zum Herren- und Damenschneider Georges Sénéchi, der Mitglied der FFI, der Forces Francaises de L'Intérieur, ist. Heisel »verliert« seine Dienstpistole – für die Résistance. Im Casino der deutschen Luftwaffe in der Rue de l'Elysée hat er das Koppel samt Waffe abgeschnallt und in seinen Aktenkoffer deponiert, den er in der Herrentoilette abstellt. Diese betritt, wie abgesprochen, kurz darauf Arthur Eberhard und verschwindet. Heisel lässt alle Anwesenden laut seinen Unmut hören: »Verdammt, wer hat meine Pistole geklaut?!«

Im September 1943 wird auf offener Straße Julius von Ritter, »ein ganz schlimmer Finger«, Beauftragter für die Rekrutierung von Zwangsarbeitern in Frankreich, von Angehörigen der Widerstandsgruppe »Manouchian« erschossen. Die Attentäter sind der Spanier Celestino Alfonso, der Italiener Spartaco Fontanot und der Pole Marcel Raymann. Die Tatwaffe stammt von Hans Heisel.

Missak Manouchian, ein Flüchtling armenischer Herkunft aus der Türkei, Mitglied der FKP und vormals Fabrikarbeiter bei Citroen, leitete eine von den deutschen Okkupanten am meisten gefürchtete Gruppe der Francs-Tireurs et Partisans. Am 16. November 1943 verhaftete ihn die Geheime Feldpolizei am Bahnhof von Évry-Petit Bourg und brachte ihn ins berüchtigte Gefängnis von Fresnes. In einem spektakulären Prozess am 17./18. Februar 1944 vor dem deutschen Kriegsgericht wurden ihm und seiner Gruppe 56 Anschläge gegen die Besatzungsmacht mit 150 Toten zur Last gelegt. Zusammen mit 22 Kameraden starb Manouchian unter den Kugeln eines Exekutionskommandos auf dem Mont Valérien, einem Hügel, von den Deutschen als Mörderstätte genutzt. Kurt Hälker kann sich noch genau an die Plakate erinnern, die damals in den Straßen von Paris zur Abschreckung der Bevölkerung die Hinrichtung kundtaten. Er weiß auch: »Manouchians letzte Worte waren: ›Ich sterbe ohne Hass in mir auf das deutsche Volk.‹«

Kurt Hälker besitzt eine große Stadtkarte von Paris. »Hier ist Mont Valérien. Vor einigen Jahren war ich mit französischen Schülern oben. Sie haben Blumen zum Gedenken an Manouchian und all die anderen abgelegt, und ich habe ihnen etwas über deutsche Antifaschisten in der Résistance berichtet.«

Die Nachricht von der Landung der Alliierten in der Normandie am 6. Juni 1944 empfängt Kurt an seinem Fernschreiber. »Am liebsten wäre ich aufgesprungen, hätte die Uniform abgestreift und wäre zu unseren französischen Freunden gelaufen.« Doch Heisel hält ihn zurück: »Aushalten, so lange wie möglich. Wir brauchen Informationen gerade jetzt, bis zur letzten Stunde.« Doch mit dem Vorrücken der Alliierten gibt es bald nicht mehr viel zu tun in der Fernschreiberzentrale. In allen Dienststellen wird eifrig gepackt. Es ist ein Drunter und Drüber, Chaos herrscht in den Wehrmachtsdienststellen. Die Gelegenheit ist günstig, weitere Waffen für die Résistance-Kämpfer beiseite zu schaffen.

Kurt und Arthur werden am Fernschreiber nicht mehr benötigt. Sie sollen Wache schieben. Vor Antritt ihres Dienstes rüsten sich die beiden mit Handgranaten und Patronen auf. Ihren Wachposten haben sie in der Nähe des Ladens von Schneider Georges Sénéchi. Es fällt nicht auf, als sie abwechselnd ihren Posten verlassen, um sich von ihren Waffen zu erleichtern.

Mit Georges besprechen sie auch ihre Flucht. Sie wollen sich nicht mit der Wehrmacht zurückziehen. Die beiden entscheiden, es sei nun wirklich an der Zeit, zu verschwinden. Nachdem sie geistig schon längst aus Hitlers Wehrmacht desertiert sind, wollen sie nun auch nicht mehr deren Uniform tragen. Ihren letzten Postendienst absolvieren sie am 19. August 1944 an der Ecke Rue Royal/ Saint Honoré. Zuvor haben Kurt und Arthur Zivilklamotten aus dem Wehrmachtsmagazin in der Rue Gabriel entwendet, »wo früher die USA-Botschaft war und heute wieder ist«, und zu Georges gebracht. Ein letztes Mal stopfen sich die Beiden die Taschen mit Munition voll. In Paris toben in fast allen Straßen Kämpfe, Rauchschwaden hängen über der Stadt. »Da ging es schon munter zu. Wir wussten nicht, dass an diesem Tag der Aufstand zur Befreiung der Stadt beginnen sollte.«

Punkt zehn Uhr werden die beiden abgelöst. Schnurstracks marschieren sie los, um so schnell wie möglich ihre deutsche Kluft loszuwerden. Unterwegs hält sie plötzlich ein Offizier an, der sie kennt: »Wohin wollt ihr denn?« Kurt und Arthur

Kurt Hälker, im Hintergrund eine Straßenkarte von Paris

sind nicht um eine Antwort verlegen. Doppelsinnig erklären sie: »Am Grand Palais brennt es, da sind offenbar Terroristen zu Gange.«

Georges und einige Gaullisten erwarten die beiden schon ungeduldig. Kurt und Arthur übergeben ihre Waffen und schlüpfen in ihre Zivilkleider. »Das war mehr eine Faschingsnummer, die wir da abgaben: elegantes Oberhemd und moderner Frack, aber an den Füßen Knobelbecher.« Sie hatten im Wehrmachtsmagazin keine große Wahl gehabt und gegriffen, was noch da hing. Georges begleitet die beiden in die Rue Le Peletier. »Wir waren überrascht. Dort wehten an einem großen Gebäude leuchtend rote Fahnen.« Es ist der Sitz des Zentralkomitees der Französischen Kommunistischen Partei. Kurt hilft das Gebäude zu verteidigen. Er ist nicht Kommunist, fühlt sich aber von diesem Augenblick an als Mitglied der FKP. Nach dem Krieg datiert er in jedem SED-Personalbogen seine Zugehörigkeit zur Partei auf jene Tage in Paris zurück. Die Zentrale Parteikontrollkommission ändert jedes Mal sein Mitgliedsdatum auf 1945 um. Etliche Jahre geht dieses Spielchen so weiter, bis die Zentrale Parteikontrollkommission (ZPKK) klein beigibt, wie Kurt Hälker mit triumphierendem Lächeln berichtet.

Am 24. August marschieren französische Einheiten unter dem Befehl des Generals Leclerc über den Boulevard Montparnasse. Kurt alias Robert Vidal, wie sein Deckname nun als kämpfendes Résistance-Mitglied lautet, beobachtet deren Einzug aus dem Fenster der Wohnung eines jugoslawischen Mitkämpfers. In den Augusttagen 1944 in Paris lernt Kurt auch Marcel Cachin kennen, den Grandseigneur der französischen Arbeiterbewegung, Directeur der »L'Humanité«. »Als er von einem Genossen darauf aufmerksam gemacht wurde, dass ich an der Verteidigung des FKP-Hauses beteiligt war, trat er auf mich zu und umarmte mich kräftig. Ich konnte nur mit Mühe Tränen der Rührung zurückhalten.«

Paris ist befreit, aber der Krieg noch nicht zu Ende. Mit dem 1. Regiment von Paris, das sich im Kampf um die Befreiung der französischen Hauptstadt aus Résistance-Mitgliedern formiert hat, zieht Kurt an die Front, an die belgische Grenze, nach Mars-la-Tour, und schließlich in den Elsaß. Ihr Kommandeur ist der erst 25-jährige Colonel Georges Fabien, Eisenbahner von Beruf, ehemaliger Interbrigadist, den Gestapohaft und Folter nicht hatten brechen können. Er war berühmt durch seine wagemutigen Aktionen und Anschläge auf deutsche Besatzungssoldaten. Kurt Hälker spricht voller Hochachtung über ihn. »Er hat uns deutsche Antifaschisten sofort als Gesinnungsgefährten anerkannt.« Und dann berichtet er: »Die Umstände seines Todes sind mysteriös. Er soll am 27. Dezember 1944 durch eine Mine in Habsheim bei Mühlhausen getötet worden sein. Ich glaube nicht an diese Version.« Er vermutet einen Anschlag auf den französischen Kommunisten, der eine Legende der Résistance war und in Nachkriegsfrankreich sicher Politik mitbestimmt hätte.

Kurt entwischt dem Tod knapp. Als er am zweiten Weihnachtsfeiertag des Jahres 1944 das Front-Gespräch vom Vorabend über den Hunnigen-Kanal mit den Wehrmachtsoldaten fortsetzen will, kommt ein unerwarteter Feuerstoß aus einem Maschinengewehr. Hans Lambertz, wie Kurt Frontbeauftragter des Komitees »Freies Deutschland« für den Westen (CALPO), gelingt es nicht, rechtzeitig in Deckung zu gehen. Er stirbt im Januar an seiner Verwundung.

Doch dank der Aufrufe der Angehörigen des Comité Allemagne Libre pour l'ouest ist das Bataillon Niedermeyer »dermaßen zersetzt, dass es für den Fronteinsatz nicht mehr taugte«, sagt Kurt Hälker. »Es wurde durch fanatische, noch immer hitlertreue Truppen ersetzt, die wie toll um sich schossen.«

In den letzten Tagen des Januar 1945 ist Kurt wieder in Paris. Der Krieg ist immer noch nicht zu Ende. Der Duisburger absolviert im März in einem US-Camp in Germain-en-Laye eine Ausbildung zum Fallschirmspringer. »35 entschlossene deutsche Hitlergegner standen bereit, um hinter der Frontlinie noch einmal zum Einsatz zu kommen.« Kurt, dessen Deckname nun Hugo Erb lautet, muss nicht mehr über dem Gebiet Innsbruck-Rosenheim abspringen, um mitzuhelfen, die imaginäre »Alpenfestung« zu knacken.

Nach der Befreiung versuchen ihn Männer des amerikanischen Geheimdienstes OSS anzuwerben. Kurt lehnt dankend ab und kehrt in seine Heimatstadt Duisburg zurück. 1947 geht er nach Leipzig und bleibt in der DDR, arbeitet in deren Friedensrat. 1961 starten Friedensaktivisten einen Friedensmarsch, der von San Francisco nach Moskau, quer durch Europa, auch durch die DDR führen soll. Kurt muss ihnen, deren Anliegen auch das seine ist, klar machen, dass sie nicht durch Berlin ziehen können. Die Stadt ist seit dem 13. August durch Mauer und Stacheldraht geteilt. Das wollen einige Teilnehmer nicht akzeptieren, »unter ihnen die Mutter des späteren Schachweltmeisters Bob Fischer. Doch das ist eine andere Geschichte.« Aber diese und folgende »Geschichten« sind eng mit seiner Lebensgeschichte verwoben. Der ehemalige Wehrmachtobergefreite und Kriegsgegner Kurt Hälker engagiert sich für den Stockholmer Appell zur Ächtung der Atomwaffen, organisiert die Tagung des Weltfriedensrates in Berlin 1979 und leitet den Olaf-Palme-Friedensmarsch 1988, »bei dem Jesse Jackson aus den USA dabei war«, nach Ravensbrück, dem ehemaligen Frauenkonzentrationslager. Es ist Kurt Hälker wichtig, zum Abschluss unseres Gesprächs zu betonen: »In der DDR war Frieden Staatsdoktrin. Ich wünschte mir, diese Doktrin gelte auch im vereinten Deutschland.«

Kurt Hälker, geboren am 2. Mai 1922 in Duisburg in einer katholischen Arbeiter-familie, erlernte den Beruf eines Polsterers. Im Mai 1941 trat er in die Kriegsmarine ein, war zuletzt als Obergefreiter beim Marinestab in Paris tätig. 1943 gründete er eine kleine antifaschistische Wehrmachtgruppe und belieferte die Résistance mit Informationen. Im August 1944 desertierte er und nahm am bewaffneten Kampf um die Befreiung von Paris teil. Im Juli 1945 nach Deutschland zurückgekehrt, leistete er antifaschistische Jugendarbeit in seiner Geburtsstadt. 1947 übersiedelte er in die sowjetische Besatzungszone, studierte, war ab 1950 in verschiedenen hauptamtlichen Funktionen im Friedensrat der DDR aktiv und schließlich über mehrere Jahre dessen stellvertretender Generalsekretär. Kurt Hälker starb am 4. Februar 2010 in Berlin.

Montgomerys German Soldier

Warum Werner Knapp keine Spitfire flog, sondern einen Cromwell fuhr

Seine Wohnstube ist geschmückt mit Mitbringseln aus aller Herren Länder: dort der tanzende Shiwa, hier ein meditierender Buddha, das Modell eines Maya-Tempels, Elefanten aus Teakholz, Holzfiguren aus Afrika... Werner Knapp ist in der Welt herumgekommen. Als er im Verkehrsministerium für Zivile Luftfahrt gearbeitet hat und nach Nikosia, Kairo, Damaskus, Neu-Delhi, Conakry und in andere Hauptstädte geflogen ist, um Abkommen für neue INTERFLUG-Linien auszuhandeln. Er lebte oft aus dem Koffer. Das war er schon aus seinem ersten Leben gewöhnt, lange bevor an die DDR überhaupt zu denken war. Damals jedoch notgedrungen. Auf der Flucht vor den Nazis. Und im Kampf gegen sie.

In der DDR hat er sich seinen Traum vom Fliegen erfüllen können. Er war zunächst Oberassistent an der Humboldt-Universität in Berlin, doch das Katheder bot ihm keine Erfüllung. Und so bat er die Genossen, ihm eine Aufgabe zu geben, die mit der Fliegerei zu tun hat, die ihn von Kindesbeinen an faszinierte. Sie hätten ja auch ein wenig an ihm gut zu machen, ermahnte er sie sanft. Denn in den 50er Jahren hat er als Westemigrant »gewisse Einschränkungen« hinnehmen müssen.

Werner Knapp wäre im Krieg gern eine Spitfire geflogen, erzählt er. Aber er kam in ein Pioneer Corps, ist mit Befestigungsarbeiten beschäftigt, zur Abwendung einer Invasion Hitlerdeutschlands an Englands Küste. Die »Operation Seelöwe« blieb indes ein Papiertiger des deutschen Generalstabes. Später ist Werner bei den Panzersoldaten, steuert einen Cromwell. »Einen 30-Tonner mit einer 75er-Kanone, einen Verfolgungspanzer, er ist sehr schnell gewesen, jedoch nicht zu vergleichen mit dem deutschen Tiger. Der optimale Panzer aber war der sowjetische T 34«, erfahre ich.

Wie ist der 1921 in Gotha geborene Sohn eines Eisenbahners und einer Lehrerin in Montgomerys Armee gelangt?

Er hat es sich nicht träumen lassen, dass er eines Tages in der Royal Army kämpfen würde, nicht geahnt, dass der Abschied von Deutschland ein langer sein wird, als er mit der Mutter und seiner Zwillingsschwester Gisela in den »Kartoffelferien« im Oktober 1935 den Zug nach Görlitz bestieg – »wo die Mutter eine Freundin besuchen wollte, wie sie sagte, um uns nicht zu beunruhigen«.

Der Vater war im Spätsommer des Jahres bei einem illegalen Treff in Berlin verhaftet, schwer misshandelt und wegen »Hochverrat« zu zwölf Jahren Zuchthaus verurteilt worden, die er im Gefängnis von Luckau und dann im Zuchthaus Brandenburg-Görden verbringen musste. Wilhelm Knapp war Mitglied der KPD seit 1919, »wegen der bitteren Erfahrungen des Ersten Weltkrieges«. Seine Frau Martha trat 1921 in die Partei ein. Sie war viele Jahre kommunistische Stadtverordnete in Gotha und reiste 1927 mit der ersten deutschen Arbeiterdelegation in die Sowjetunion. Dort kam sie mit Lenins Lebensgefährtin Nadeshda Krupskaja sowie mit Kalinin und Budjonny zusammen. »Unser Vater war als Redakteur im linken Verlagswesen tätig«, berichtet Werner Knapp. »Die Zeit brachte es mit sich, dass wir viele Jahre nur wenig von ihm hatten. Er war oft an anderen Orten in Deutschland und auch im Ausland. Unsere politische Bildung verdanken wir vor allem unserer Mutter, die uns früh über ›Gut‹ und ›Böse‹, den antihumanen Charakter der kapitalistischen Gesellschaft und die Ursachen der Armut von Millionen Arbeitern aufklärte.«

1931 übersiedelten die Knapps nach Berlin, in eine zweieinhalb Zimmer Wohnung in der Prenzlauer Allee. »Ein Zimmer war meisten untervermietet«, erinnert sich Werner Knapp.

Nach dem Reichstagsbrand am 27./28. Februar 1933 wurde Wilhelm und Martha Knapp empfohlen, die eigene Wohnung zu meiden, da die SA nach vorliegenden Listen Jagd auf Kommunisten, Sozialdemokraten und andere Demokraten machte. Die Knapps kamen bei einem sozialdemokratischen Schneiderehepaar in der Brunnenstraße unter. »Für sie war diese Hilfe in der Not eine Selbstverständlichkeit.«

Werner wurde Zeuge, wie die SA dann tatsächlich ihr Wohnviertel durchkämmte, Hausdurchsuchungen vornahm und Genossen in Gegenwart ihrer Familien auf Lastkraftwagen stieß und abtransportierte. »Nach und nach erreichten uns Berichte über viehische Misshandlungen in den Folterstätten der Gestapo und SS, in der Prinz-Albrecht-Straße, im Columbia-Haus, ein erstes KZ der Nazis am Tempelhofer Feld in Berlin, sowie im Lager Oranienburg. Sie übertrafen alle unsere Befürchtungen. Viele Genossen weilten bald nicht mehr unter den Lebenden, darunter auch einige aus unserem Bekanntenkreis. An den Litfaßsäulen in der Reichshauptstadt waren die Bekanntmachungen zu lesen: ›Auf der Flucht erschossen!‹«

Wochen später ziehen die Knapps in ihre Wohnung zurück. Werners Mutter nimmt ihre antifaschistische Arbeit wieder auf. »Sie schrieb tage- und nächtelang Matrizen für Flugblätter und illegale Zeitungen und vervielfältigte sie. In regelmäßigen Abständen kamen Genossen zu uns, die diese dann entgegennahmen, um sie unauffällig unter die Menschen zu bringen.« Dabei helfen manchmal auch Werner und Gisela. Ein Gemüsekorb ist ein gutes Versteck für subversive Handzettel oder Kassiber. »Wir waren früh daran gewöhnt, nicht mehr wissen zu wollen, als für die Erledigung eines kleinen Auftrages nötig war. Aber ohne Herzklopfen ging das nicht ab.« Und natürlich fragten sich die Knapp-Kinder, wenn sie mit Gleichaltrigen spielten, deren Eltern aktive Nazis waren, was geschehen würde, wenn sie hinter die geheime Tätigkeit der Mutter kämen.

Eines Tages geschah es. »Es klingelte, fast zurückhaltend. Als meine Mutter die Tür öffnete, wurde sie von zwei Herren im Zivil mit ›Heil Hitler‹ begrüßt. Sie wiesen sich als Gestapo-Beamte aus und erklärten, eine Hausdurchsuchung durchführen zu wollen. Zum Glück haben sie allerdings nur das kleine Zimmer, in dem seit längerer Zeit ein illegaler Genosse lebte, durchstöbert. Dort fanden sie nichts Verdächtiges und so verabschiedeten sie sich wieder höflich.« Es gibt die wundersamsten Zufälle im Leben. Im Wohnzimmer, das die Herren – aus welchen Gründen auch immer – nicht betraten, lagen auf Tisch, Sofa und Stühlen kleinere und größere Stapel hektographierten Materials zum Abholen bereit. Werner Knapp wundert sich noch heute über diese glückliche Fügung. Seiner Mutter muss damals ein großer Stein vom Herzen gefallen sein.

»Unseren Vater sahen wir immer seltener«, fährt Werner Knapp in seiner Erinnerung fort. Die illegale Arbeit führte ihn nach Österreich, ins Saargebiet und in die Tschechoslowakei. Als »Obertechniker der Reichstechnik« der KPD war er verantwortlich für die Versorgung der Berliner Genossen mit in der Tschechoslowakei verfassten Aufklärungsschriften.

»Eines Tages, es war im August 1935, überraschte uns Mutter mit der Nachricht, dass Vater in Berlin sei, uns aber aus konspirativen Gründen nicht besuchen könne. Es sei aber arrangiert worden, dass wir Kinder ihn trotzdem treffen könnten.« Wie das? Zu einer bestimmten Uhrzeit am Nachmittag sollten Werner oder Gisela am Fenster der Knappschen Wohnung in der Prenzlauer Allee stehen und die gegenüberliegende Straßenseite beobachten. Wenn sie ihren Vater dort schlendernd entdeckten, durften sie auf die Straße und ihm in einem bestimmten Abstand folgen – »bis Vater sich davon überzeugt hatte, dass uns niemand folgte«. Seine Schritte lenkte Wilhelm Knapp in Richtung Weißensee, er wählte wenig belebte Nebenstraßen. »Und wenn er sicher war, dass keine Gefahr bestand, drehte er sich um und wir begrüßten uns.« Es blieben den Kindern nur wenige Minuten für ein Gespräch. Dabei wollten sie ihm so viel von sich erzählen. Doch die Kinder der Illegalen wussten um die Notwendigkeit der Disziplin. »Wir ahnten damals nicht, dass es unsere letzte Begegnung mit Vater für mehr als zehn Jahre sein sollten.« Wenige Tage später unterrichtet die Mutter die Zwillinge: »Vater ist verhaftet worden.«

Auch Martha Knapp ist jetzt im Visier der Gestapo. Eines Tages, im September 1935, macht sie ihre Kinder auf einen Mann aufmerksam, der auf einer Bank auf dem Mittelstreifen der Promenade sitzt und vorgibt, Zeitung zu lesen. Doch es ist offensichtlich, er observiert das Knappsche Haus. Nach Information der Genossen steht die Verhaftung der Mutter unmittelbar bevor. Die akute Gefahr bestätigt auch ein Seifenhändler in der Straße, bei dem Martha Knapp einkauft. Er warnt sie, Gestapo-Leute hätten sich bei ihm über sie erkundigt. Martha Knapp muss mit ihren Kindern Deutschland schnellstens verlassen.

»Während der Fahrt durch das Elbsandsteingebirge stieß Mutter uns heimlich an«, berichtet Werner Knapp. »Wir sollten aus dem Fenster schauen. Auf der anderen Seite der Elbe prangte an der Felswand eine etwa hundert Meter lange Losung: ›Befreit Ernst Thälmann.‹« Werner Knapp vermutet, dass dies das Werk der roten Bergsteiger war. »Jedenfalls war das mein letztes Bild aus Deutschland.«

An der Grenze in Bad Schandau kontrolliert SS die Pässe. Martha Knapp kramt umständlich in ihrer Tasche und zaubert »versehentlich« eine Ansichtskarte mit dem Porträt von Hitler hervor. Die Kinder sind überrascht, aber sagen nichts. »Mit dem Pass, ob echt oder falsch, schien alles in Ordnung. Wir konnten weiterfahren.«

Das Emigrantenleben beginnt. In Prag müssen die Knapps mehrfach das Quartier wechseln. Nach zwei Nächten in einem alten Hotel gegenüber dem Wilsonbahnhof waren die Notgroschen, die ihnen von den Genossen mitgegeben worden sind, aufgebraucht. Erbarmungslos setzt der Wirt sie vor die Tür. Die Drei verbringen die drei folgenden Nächte auf harten Bänken im Kellergewölbe des Bahnhofs. Dann werden sie in eine mehrräumige Emigrantenwohnung, »Krocenova«, eingewiesen, die sich in einem Hinterhof in der Prager Altstadt befindet. Deutsche und italienische Emigranten sind hier mit »Kind und Kegel« auf engstem Raum zusammengepfercht. In den rissigen Wänden und Dielen wimmelt es von Wanzen. »Es fiel uns schwer, mit dieser neuen unwirtlichen Umgebung klar zu kommen«, sagt Werner Knapp. Doch nach einigen Wochen werden die Emigranten in eine umgebaute kleine Fabrik am Stadtrand von Prag, Strásnice, umquartiert. In Erinnerung an diese Zeit ist Werner Knapp der Besuch eines Konzerts. »Das für die Betreuung politischer Asylsuchender zuständige Saldakomitee hat uns drei Konzertkarten geschenkt.« Gespielt wird Bédrich Smetanas »Mein Vaterland«. »Mutter hat uns zuvor in das Werk eingeweiht. Sie meinte, es würde uns helfen, schneller eine innere Beziehung zu unserer neuen Heimat zu gewinnen.«

Jeden Monat reisen von Prag kleine Gruppen von Politemigranten in die Sowjetunion weiter. Ungeduldig warten die Knapps darauf, wann sie die große Reise antreten können. Vier Wochen, bevor es soweit ist, werden alle Fahrten abgesagt. »Wir waren enttäuscht.« Die Zwillinge haben das Kinderbuch »Wie Hans und Grete nach Russland reisen« gelesen und die Reportagen in der »Arbeiter-Illustrierten-Zeitung« (A-I-Z) über das »Vaterland der Werktätigen«. »Aber vielleicht

Werner Knapp

war es auch besser so«, meint Werner Knapp. Man schrieb das Jahr 1936, in Moskau begannen die berüchtigten Schauprozesse.

Werner und Gisela besuchen die deutsche Realschule in Prag; fast ein Jahr lang hatten sie keine Schulbank mehr gedrückt. »Wir mussten uns erst wieder an systematisches Lernen gewöhnen«. Sie fühlen sich wohl in ihrer neuen Klasse. Viele ihrer Mitschüler sind Kinder von Sudentendeutschen, darunter Nazis. Die Emigrantenkinder Werner und Gisela werden aber nicht angepöbelt. »Auch in der Mittelschule in Berlin-Weißensee, wo fast alle im ›Jungvolk‹ waren, hatten wir nichts auszustehen«, erinnert sich Werner Knapp. Nur einmal sei er von einem älteren Schüler angegiftet worden: »Sag mal, Du bist doch auch so ein Bolschewist, ihr hattet doch immer rot geflaggt.« Ein Mitschüler, der zwar auch Hitlers Jugendorganisation angehörte, hat Werner beigestanden: »Früher haben doch viele Rot geflaggt.« Der Streitsüchtige ließ ab, nicht ohne zu brummen: »Wir werden uns noch sprechen.« Das sei aber eine Ausnahme gewesen, beteuert Werner Knapp. Selbst Lehrer, die strenge Nazis waren, hätten sie nicht drangsaliert. Allerdings mussten die Knapp-Zwillinge, die nicht der Hitlerjugend angehörten, sonnabends am »nationalsozialistischen Unterricht« teilnehmen, während ihre Mitschüler frei hatten und rumtoben durften.

In Prag werden Gisela und Werner in die Gruppe des Kommunistischen Jugendverbandes Deutschlands aufgenommen, im Jahr darauf sind sie die jüngsten Mitglieder der Freien Deutschen Jugend, die am 8. Mai 1938 in der Tschechoslowakei gegründet wird – als Zusammenschluss von KJVD, Sozialistischer Arbeiterjugend, dem Sozialistischen Jugendverband Deutschlands und der Jüdischen Jugend.

Drei Monate, bevor die deutsche Wehrmacht ins Goldene Prag einmarschiert, sind die Knapps glücklich in Paris gelandet. Dank der französischen Lehrerföderation, die sich um die Rettung von Emigranten aus pädagogischen Berufen bemüht. »Am 15. Januar bestiegen wir in Prag Ruzynie eine DC-3 und flogen über Zürich nach Paris. Zwei Tage später stürzte die gleiche Maschine, mit der wir geflogen sind, bei Paris ab. Wir waren tief erschüttert.«

Die Knapps erhalten eine Wohnung im Pariser Vorort Suresnes zugewiesen; der Bürgermeister ist Sozialist und Anhänger der Volksfront. Werner lernt Maschinenschlosser, seine Schwester kann eine Höhere Mädchenschule besuchen.

Beiden ist es nicht vergönnt, ihre Ausbildung zu beenden. Am 1. September 1939 überfällt Deutschland Polen, Paris erklärt Berlin den Krieg. Alle männlichen Emigranten über 18 Jahre werden interniert. Werner ist soeben 18 geworden und erhält die polizeiliche Aufforderung, sich im Stade Colombe einzufinden, einem riesigen Fußballstadion, das bald überfüllt ist. Die sanitären Verhältnisse sind katastrophal. Regentonnen, auf denen quer ein Brett gelegt wird, sollen für die

Verrichtung der Notdurft dienen. Die tägliche Lebensmittelration besteht aus einer kleinen Büchse Leberpastete und einem Stück Brot.

Werner und sein Freund Heinrich Saar sind jung, nehmen das Ungemach mit Galgenhumor. Auf Anraten französischer Genossen – »denn trotz strenger Bewachung hatten wir Kontakt nach draußen« – melden sie sich zu der sich im Oktober 1939 formierenden Tschechoslowakischen Auslandsarmee. »Für mich war es selbstverständlich, unter der Fahne meines ersten Exillandes gegen die Hitlerdiktatur zu kämpfen.«

Der Abschied von Mutter und Schwester fällt Werner nicht leicht. »Am Abend des 26. Oktober begleiteten sie mich zum Gare du Nord. Auf dem Vorplatz drängten sich hunderte Einberufene tschechoslowakischer Nationalität, die ihre Heimat schon in den Jahren der Wirtschaftskrise verlassen hatten, darunter viele Bergarbeiter. Uns war schwer ums Herz.«

Kurz vor seinem Fronteinsatz erhält Werner drei Tage Kurzurlaub. Seine Mutter liegt im Krankenhaus Nanterre und ringt um ihr Leben. Werner und seine Schwester können nur wenige Minuten mit ihr sprechen. Obwohl Martha Knapp nach ihrer Operation noch sehr geschwächt ist, wird sie aus dem Krankenhaus entlassen und ins Internierungslager Gurs in Südfrankreich zurückgeschickt, wo sie kurz darauf, im Juli 1940, im Alter von nur 48 Jahren stirbt.

Zu dieser Zeit ist ihr Sohn an der Front. Die Soldaten der Tschechoslowakischen Auslandsarmee sind mangelhaft ausgerüstet, mit alten Gewehren, die teils noch aus dem Ersten Weltkrieg stammen, und schlechtem Schuhwerk. Am 10. Mai 1940 ist die Wehrmacht in Frankreich eingefallen. Werners Einheit soll ihr bei einem Dorf namens Signy Siegnets an der Marne Gegenwehr leisten. Der Feind ist nicht zu sehen, nur dessen belfernde Artillerie ist zu hören, die bereits über die Stellungen der tschechoslowakischen Soldaten hinweg schießt. In den Feuerpausen hört Werner die Kühe auf der Weide brüllen, vor Schmerz, denn keiner melkt sie. Bald fluten die ersten Einheiten der Grande Nation zurück. Senegalesische Soldaten fahren an den Tschechen vorbei und winken ihnen fröhlich zu: »Bleibt ihr mal hier, wir hauen ab.« Werner ist irritiert. Immer mehr Kolonnen marschieren an ihm und seiner Einheit vorbei. Es beschleicht ihn die Befürchtung: »Man hat uns vergessen.«

Doch dann kommt auch für die Tschechen der Befehl zum sofortigen Rückzug. Anfangs verläuft er noch einigermaßen geordnet, doch dann ist nur noch Chaos. »Hosi, drzte ti troice! – Jungs, haltet die Dreierreihen!«, versucht Bataillonskommandeur Slezak die militärische Ordnung aufrechtzuerhalten. Vergebens. »Über uns heulten die Granaten der deutschen Artillerie. Man entledigte sich aller überflüssigen Sachen, um schneller voranzukommen. Einige versuchten auf die Lafetten unserer vorbeifahrenden Artillerie aufzuspringen; in der Dunkelheit verfehlten sie diese und blieben verletzt liegen.«

Werner schmerzen die Füße, die Schuhe drücken. Er fällt zurück und findet sich mit einigen Kameraden verlassen an einer Kreuzung wieder. Sie wissen nicht, dass die Wehrmacht längst an ihnen vorbeigezogen und in Paris einmarschiert ist. Sie befinden sich in einem Kessel, nur bei Melun gibt es noch ein Schlupfloch.

«Was wird aus mir?«, fragt sich Werner. Wenn er, ein »Reichsdeutscher« in tschechischer Uniform, der Wehrmacht in die Hände fällt... Schließlich kommt ein Lkw, »von den unsrigen, um Nachzügler aufzupicken«. Erleichterung. Doch dann sagt der Fahrer: »Du bist Deutscher, dich nehmen wir nicht mit! Lass dich von den Deinen abholen.« Werner Knapp kann sich noch heute darüber empören: »Das ist blanker Chauvinismus.« Aber vielleicht ist der Hass dieses Mannes zu verstehen, dessen Heimat seit über einem Jahr unter deutsch-faschistischer Okkupation leidet? Rettung in der Not kommt von einem jungen Offizier. Auch ein Tscheche. Sein Befehl ist klar und duldet keinen Widerspruch: »Ihr nehmt den mit!«

Innerhalb von drei Wochen ist das Land von den faschistischen Aggressoren niedergeworfen. Immer wieder hört Werner auf den von Soldaten und Zivilflüchtlingen verstopften Straßen gen Süden, zur Loire, die Menschen schimpfen: »Nous sommes trahi.« Wir sind verraten worden.

Am 22. Juni 1940 unterzeichnet Frankreich die Kapitulationsurkunde – im Wald von Compiègne in der Picardie, im gleichen Salonwagen, in dem am 11. November 1918 der Waffenstillstand zwischen Deutschen Reich und der Entente unterzeichnet worden war, der den Ersten Weltkrieg beendet hatte. Hitler hat darauf bestanden. Revanche und Erniedrigung für den »Erzfeind«.

Der deutsche Vormarsch stoppt erst an der Loire. Der Süden Frankreichs wird nicht besetzt, dort darf ein Statthalter von Hitlers Gnaden regieren. Die unbesetzte Zone wird von Flüchtlingen aus dem Norden überflutet. Auch die traurigen Reste der Tschechoslowakischen Auslandsarmee ziehen weiter nach Süden. Bei Agde an der südfranzösischen Mittelmeerküste werden sie auf Kohlefrachter verfrachtet. In Gibraltar wechseln sie auf einen britischen Truppentransporter. Werner schaut von der Reling herab auf das Treiben im Hafen und die vielen Händler, die mit ihren kleinen Booten seinen großen »Kahn« umkreisen und ihre Ware anpreisen. Plötzlich zuckt er zusammen: Ein kurzer MG-Feuerstoß schreckt ihn auf. »Francos Luftabwehr hat einen britischen ›Jäger‹ abgeschossen, der bei seiner Flugkurve über das Hafengebiet vermutlich das hinter dem Gibraltarfelsen beginnende spanische Grenzgebiet gestreift hatte. Das empfand ich als ungerecht. Er hat sein Leben lassen müssen, weil London zuvor mit seiner Politik der Nichteinmischung im Spanienkrieg geholfen hat, die Franco-Faschisten in Madrid an die Macht zu bringen.«

Wenige Tage später findet sich Werner in den stürmischen Gewässern der Biskaya wieder. »An einem regnerischen Abend liefen wir im Hafen von Liverpool ein.« In den Straßen der britischen Industriemetropole herrscht reger Verkehr. Von den angeschlagenen, in abgewetzten Uniformen durch die Straßen marschierenden tschechoslowakischen Einheiten nehmen die Städter kaum Notiz. »Nur manchmal hob jemand, uns jovial zulächelnd, die Hand und formte Zeige- und Mittelfinger zum V, das Zeichen für Victory, Sieg.« Die Wahrheit über diesen Krieg war offenbar noch nicht bis auf die Insel gedrungen.

Wenige Tage später nimmt Werner an einer »Parade« der tschechischen Einheiten teil; er marschiert an Exilpräsident Benesch vorbei und salutiert. Damit ist der Krieg für Werner erst einmal zu Ende.

Sein Bataillon begehrt auf, gegen die Arroganz der Offiziere und für Demokratisierung in der Armee. Werner und sein Freund Heinrich gehören zu den Befehlsverweigerern. »Fast ein Drittel unseres Bataillons weigerte sich, Befehlen zu gehorchen, wenn sich nicht etwas ändert. Damit hatten unsere Vorgesetzten nicht gerechnet.« Die Aufrührer werden zur Strafe in ein Pioneer Corps gesteckt. Es ficht sie nicht an, sie fühlen sich im Recht. Im Krieg gegen Diktaturen können die Verteidiger der Demokratie doch nicht undemokratische Verhältnisse in ihren Streitkräften tolerieren? So denken Werner und seine Kameraden.

Die tschechoslowakische Exilregierung geht schließlich auf die Forderungen der Soldaten ein. Werner und Heinrich kehren in ihre Einheit zurück. Die tschechoslowakische Armee zählt nun 4000 Mann, verstärkt durch zahlreiche Freiwillige aus dem britischen Exil.

Mit dem D-Day, der überraschenden und machtvollen Invasion der Westalliierten in der Normandie am 6. Juni 1944, ist die nicht nur von Stalin lang erhoffte Zweite Front eröffnet. Mit der zweiten oder dritten Welle der »Operation Overlord« landet Werner nordwestlich von Caen, bei Arrochomanches-les-Bains, an der französischen Kanalküste. »Wir sind mit relativ trockenen Füßen an Land gelangt. Der Widerstand der deutschen Küstenwache war schon gebrochen.« Und Werner Knapp fügt hinzu: »Wir wollen nichts dramatisieren.«

Dramatisch geht es aber noch einmal vor Dünkirchen zu. Die Stadt ist vom deutschen Oberkommando zur »Festung« erklärt worden. Über 13000 Wehrmachtsangehörige und SS-Einheiten haben sich dort eingeigelt. Werners Einheit soll Ausbruchsversuche und die Vereinigung mit den hundert Kilometer entfernten deutschen Verbänden verhindern. Am 28. Oktober – am Jahrestag der Gründung der CSR, die 1918 nach Jahrhunderten nationaler Unterdrückung in der k.u.k.-Monarchie staatliche Wiedergeburt erlebt hatte – startet die tschechoslowakische Armee einen Angriff. Werner steuert einen Cromwell. »Es gelang uns, 350 Soldaten und sechs Offiziere gefangen zu nehmen. Bei einem weiteren Angriff am 5. November verloren wir 13 Panzer und 26 Mann.« Die Festung jedoch ist nicht zu knacken. Monatelang tobt ein erbitterter Stellungskrieg. Britische Einheiten und der französische Maquis kämpfen an der Seite der Tschechen. Der Festungskommandant, Vizeadmiral Frisius, ist ein schlimmer Durchhaltemann. »Dünkirchen war aber kein Stalingrad«, lenkt Werner Knapp ein. Nichts dramatisieren.

Bei Flut öffnen die Eingeschlossenen die Schleusen. Da können Panzer nichts ausrichten. Werner muss von seinem Cromwell absitzen und wird als Infanterist eingesetzt. Er liegt in Deckung nahe einem zerschossenen Gehöft. Zwischen ihm und der Stadt breitet sich ein Acker aus, darauf Strohschober. »Wenn du Wochen lang am gleichen Fleck liegst, kennst du jeden Grashalm, jeden Stein, jeden Strauch. Eines Morgens bemerkten wir, dass aus einem Strohschober ein Ast lugte, der am Vortag noch nicht da war. Das war Anlass, nach hinten durchzugeben, sie möchten doch mal mit der Artillerie drauf halten. Das haben sie gemacht.« Der Strohschober entpuppt sich als ein Unterstand. »Die stiebten raus nach allen Seiten.« Aber Werner und die Seinen eröffnen nicht das Feuer: »Niemand von uns schoss. Wir riefen: ›Ergebt euch!‹ Sie kamen auf uns zu, die Hände hoch, die Waffen noch in der Hand. Plötzlich warfen sie sich in eine Senke und ballerten auf uns. Statt sich zu ergeben!« Die Enttäuschung über so viel Fanatismus ist dem Erzähler noch heute anzumerken.

Ein anderes Mal gelingt es Werners Einheit, einen Spähtrupp abzufangen. Werner spricht mit ihnen. Es sind Sudetendeutsche. Sie wollen von ihm nur das eine wissen: »Werden wir jetzt erschossen? Wir haben Frau und Kind zu Hause!« Werner antwortet unwirsch: »Wir machen das nicht so wie ihr.« Und fragt zurück: »Warum habt ihr nicht früher darüber nachgedacht, dass auch viele von uns Frauen und Kinder haben?« Nein, er will mit ihnen kein Wort mehr wechseln, er macht auf dem Absatz kehrt.

Den Tag der Befreiung erlebt Werner vor Dünkirchen. Erst nachdem Keitel die Kapitulationsurkunde in Berlin-Karlshorst unterzeichnet hat, ergibt sich auch die Festung Dünkirchen – am 9. Mai 1945. »10800 Wehrmachtangehörige ergaben sich mit allem Kriegsmaterial, darunter drei Unterseebooten. Die faschistischen Besatzer hatten im Verlauf der Kämpfe tausend Soldaten verloren, unsere Seite hatte 167 Gefallene, 461 Verwundete und 40 Vermisste zu beklagen«, zählt Werner Knapp auf.

Die Czech Soldiers der Royal Army zieht es in die Heimat. Über Bayern fahren sie in den Böhmerwald ein. »Es gab fast keinen Panzer, der nicht neben einer tschechoslowakischen auch mit einer roten Fahne geschmückt war«, erinnert sich Werner Knapp. In Pzen werden die tschechischen Kämpfer jubelnd empfangen. Die Befreiung vom Faschismus wird ausgiebig gefeiert. Es gibt ein Zeitungsfoto, das zeigt Werner, wie er vor General Montgomery salutiert. Der deutsche Kommunist gehörte einer Ehrenkompanie an, die in jenen ersten Tagen des Friedens den britischen Oberbefehlshaber am Prager Flugplatz empfing.

Im Oktober 1945 wird Werner demobilisiert. Seine tschechischen Freunde wollen, dass er bei ihnen bleibt: »Was willst du in Deutschland? Weißt du, wie

Panzerfahrer Werner Knapp auf seinem Cromwell (Mitte, 3.v.l.)

es da jetzt aussieht!? Bleib bei uns, du kannst alles haben, was du willst.« Doch den Berliner zieht es nach Berlin. Notwendiger Abschied vom Exilland, für das er in den Krieg gezogen ist. Er hat aber ebenso für ein Deutschland ohne Hitler gekämpft. Und deshalb muss er zurück, in das Land seiner Geburt. Er schließt sich mit seinem Freund Heinrich einer Gruppe deutscher Politemigranten unter Wilhelm Koenen, ehemaliger KPD-Reichstagsabgeordneter, an. Während der Fahrt quer durch Deutschland sieht er Städte in Trümmern. Das überrascht ihn nicht. Die Menschen sind es, die ihn verwundern. »Es war wie die Rückkehr in ein fremdes Land. Alles war fremd, auch die Sprache. Ich verstand die Menschen nicht. Und sie mich offenbar auch nicht. Obwohl wir die gleiche Sprache sprachen.«

Im Januar 1946 ist Werner wieder in Berlin. Er sucht den Vater und erfährt, dass dieser nach seiner Befreiung aus Brandenburg-Görden Personaldirektor bei der Berliner Verkehrsgesellschaft (BVG) geworden ist. »Es ist schwer, die Gefühle wiederzugeben, die uns bewegten, als wir uns eines Abends in seinem nur schwach erleuchteten Büro in der BVG-Direktion gegenüberstanden. Wir umarmten uns lange, ohne Worte zu wechseln. Aber dann musste ich ihm alles erzählen.« Über die Fahrt ins tschechische Exil, die Jahre in Frankreich, das letzte Gespräch mit der Mutter im Krankenhaus Nanterre, seinen ersten Fronteinsatz an der Marne und wie er vor Dünkirchen lag.

Werner will Bildung nachholen, studieren. Und er hofft, sich seinen Traum zu erfüllen – einmal einen Pilotenknüppel in den Händen zu halten. Immerhin, viele Jahre später darf er einmal in einem Cockpit sitzen, »auf der Strecke nach Varna runter, in einer IL 14«. Er hat bisher nie darüber gesprochen, nur seiner Frau Elsa hat er dieses »größte Abenteuer meines Lebens« gebeichtet.

Werner Knapp, geboren am 24. September 1921 in Oldenburg, studierte nach dem Krieg an der Leipziger Universität Staatsrecht/Außenpolitik, war in der frühen DDR als »Westemigrant« kurzzeitig arbeitslos und begann 1956 bei der Deutschen Lufthansa, später Interflug. Ab Anfang der 60er Jahre im Ministerium für Verkehrswesen der DDR/Hauptverwaltung Zivile Luftfahrt tätig, zeichnete er bis zu seiner Pensionierung 1984 u. a. für die Vorbereitung und Einrichtung neuer Linien der Interflug und Luftverkehrsabkommen verantwortlich. Seine Tochter Antje wurde Lehrerin wie ihre Großmutter; sein Sohn Uwe hat des Vaters Begeisterung für die Fliegerei geerbt und lernte Flugzeugmechaniker. Werner Knapps Zwillingsschwester Gisela wirkte im Friedenskomitee der DDR mit und war für die Volkssolidarität aktiv; sie ist Mitglied des Ernst-Busch-Chors von Berlin.

Die Rotarmistin

Der lange Weg der Hanna Podymachina von Stalingrad nach Berlin

Im Februar 2010 war sie in die Botschaft der Russischen Föderation Unter den Linden in Berlin, der ehemaligen Sowjetbotschaft, eingeladen. Zum Tag der Sowjetarmee, der heute als »Tag der Vaterlandsverteidiger« begangen wird. Am 23. Februar 1918 war die Rote Armee unter ihrem ersten Oberbefehlshaber Leo Trotzki gegründet worden. Hanna Podymachina wurde gemeinsam mit drei weiteren deutschen Antifaschisten, die während des Zweiten Weltkrieges in sowjetischen Einheiten gedient hatten, geehrt. Sie zeigt mir ihre jüngste Auszeichnung. »Nein, ich habe keine Orden, nur Medaillen«, sagt sie. Und das klingt keineswegs enttäuscht. Ich darf ihre Tapferkeitsmedaille bewundern, die sie für ihre Aufklärungsflüge erhalten hatte, damals, im Großen Vaterländischen Krieg. Für Aufklärung im ursprünglichen, nicht im geheimdienstlichen Sinne.

Seit über vierzig Jahren wohnt Hanna Podymachina in einem Plattenbau wenige hundert Meter vom Alexanderplatz in Berlin entfernt. Von ihrem Balkon aus hat sie einen wunderbaren Blick auf das Stadtzentrum und den »Telespargel«, wie die Berliner ihren Fernsehturm nennen. »Erst haben wir bei meinen Eltern gewohnt. Aber das ging gar nicht mit meinem Mann.« Ihr Mann war Wolodja Podymachin. Wolodja hieß eigentlich Semjon. »Aber den Namen mochte er nicht«, sagt Hanna Podymachina. Warum, weiß sie nicht. Kennengelernt hat sie ihn im Sommer 1944, an der Moldau. »Es war gerade eine stehende Front.« Es bewegte sich nichts, weder die deutschen Aggressoren, noch die Rote Armee konnten Geländegewinn für sich verbuchen. »Er war Lehrer, hat vor dem Krieg in der Schule Zeichnen unterrichtet. Er war im Frontstab. Und wenn gerade eine stehende Front war, hat er Plakate gemalt. Es war interessant, ihm bei der Arbeit zuzuschauen.«

Zwei Jahre wird Hanna ihren Wolodja nicht wiedersehen. Nach dem Krieg schreibt er ihr: »Hole mich nach Berlin. Du bist meine Frau.« Nein, sie waren noch nicht verheiratet. Es war keine Zeit dafür im Krieg. Hanna freut sich. Sie fährt nach Odessa, wo er stationiert ist, sucht ihn in seiner Kaserne auf. Dort angelangt, muss sie feststellen: Es gibt noch eine andere Frau im Leben ihres Wolodjas. Die Ukrainerin will den Vater ihres Sohnes nicht einfach gehen lassen. »Aber sie waren nicht rechtmäßig verheiratet, nicht Mann und Frau vor dem Gesetz«, betont Hanna Podymachina. Die Deutsche will Wolodja ebenfalls nicht aufgeben. »Da hat er seine Pistole erst einmal hoch oben auf den Ofen gelegt. Er dachte wohl, wir würden uns duellieren!« Hanna Podymachina kann heute darüber lachen. Damals hat sie um ihn gekämpft – und gewonnen. Wolodja übersiedelt zu ihr nach Berlin, arbeitet im Haus der Sowjetkultur – und genießt ein bequemes Leben. »Ich habe immer hart gearbeitet, hatte oft Nachtschicht. Ich bin einkaufen gegangen, habe unsere beiden Kinder versorgt, den Haushalt geschmissen…« Es ging nicht gut, die Ehe zerbrach. »Aber die Hochzeit in Odessa im Sommer 1946 war schön. Das Standesamt war direkt neben der Oper.«

Als Hanna ihren Wolodja kennen- und lieben gelernt hat, ist sie 20 Jahre jung. Seit zwei Jahren trägt sie den Waffenrock der Roten Armee. 1942 hatte sie ihr Abitur gemacht und wollte eigentlich am Institut für Fremdsprachen in Moskau studieren. »Als ich nach Hause kam, sagte Mama zu mir: ›Ein Offizier war da, der wollte dich sprechen. Ich weiß nicht, was er von dir will. Er sagte, er kommt noch mal wieder.‹« Das tat er. »Es war ein Major. Er fuhr mit mir zu einem ranghöheren Offizier, dem Leiter der 7. Abteilung der Politverwaltung der 1. Südwestfront, der späteren 3. Ukrainischen Front.«

Hanna wird gefragt, ob sie bereit sei für einen Propagandaeinsatz an der Front, um ihre Landsleute in Wehrmachtsuniform zum Desertieren zu überreden. Hanna ist bereit. »Und so wurde ich eine Zersetzerin.« Zersetzer nennen sich die Angehörigen der Propagandatruppe, in der Hanna zwei Kriegsjahre dient. »Und da war ich dann nördlich von Stalingrad, wo die Unsrigen den Kessel zugemacht haben«, fährt Hanna Podymachina in ihren Erinnerungen fort.

Die gebürtige Berlinerin verfasst Flugblätter. »Wir hatten weder Druckmaschinen, Matrizen oder sonst was. Da sind wir nach Engels an die Wolga gefahren, eine deutschsprachige Gegend. Dort bekamen wir deutschsprachige Setzkästen. So etwas hatte ich noch nie in der Hand gehabt.« Die Druckmaschine kommt aus Saratow. »Die musste man mit dem Fuß bedienen, wie eine Nähmaschine. Wir hatten ja keinen Strom an der Front.« Hanna Podymachina demonstriert, wie es ging: »Einmal treten, einmal Klatsch und schon sind vier Flugblätter fertig.« Tausend ist das Soll einer Nacht. Bevor der Morgen graut, kommt der Lastwagen, der die Bündel abholt. Wenn Hanna und ihre Mitstreiter sich endlich zur wohlverdienten Ruhe begeben wollen, heißt es: »Spitje skoreje!« Schlaft schneller. Denn in wenigen Stunden wartet schon eine andere Arbeit auf sie. Hanna dolmetscht bei Verhören von Kriegsgefangenen oder Überläufern und muss »Sendungen sprechen«. Das meint vor allem Einsatz im Lautsprecherwagen. »Da saß ich drin und habe die Aufrufe verlesen, abgestimmt auf die jeweils gegenüberliegenden Einheiten.«

Hatte sie nie Angst? »Ich hatte nie Angst, habe auch heute keine.« Außerdem: »Ich saß doch im Auto. Wer vorne im Graben gehockt hat mit einem Lautsprecher, der war viel mehr gefährdet.« Wie viel Sicherheit bietet ein Lautsprecherwagen in einem von beiden Seiten erbittert geführten Krieg? Vielleicht sind es die beigegebenen Soldaten, die Hanna in Sicherheit wiegen? Sie gerät einige Male in

Hanna Podymachina 1944

brenzlige Situationen. Hanna Podymachina erinnert sich: »Die Armeefahrzeuge hatten alle einen geraden Kotflügel. Ich habe auf dem einen vorne gesessen und der Soldat auf der anderen Seite. Plötzlich rief er zu mir rüber: ›Hier ist irgendwo ein Minenfeld, das müssen wir umfahren.‹« Die Warnung kommt zu spät. Schon sehen sie das Schild »Wnimanije...« Achtung. Es weist jedoch in ihre Richtung. Hannas Lautsprecherwagen hat das Minenfeld bereits durchquert. Wer ahnungslos ist, hat keine Angst. »Ich bin die letzten Meter gar nicht erst runtergehopst. Jetzt war es egal. Wenn ich runtergesprungen wäre, hätte ich genauso gut auf einer Mine landen können. Und die hinten bei uns im Auto saßen, die wussten ja gar nichts. Also bin ich sitzen geblieben. ›Wenn es uns erwischt, dann alle zusammen‹, sagte ich mir.«

Todesmutig muss man auch ihren Einsatz mit einem Doppeldecker nennen. Für diesen hat sie damals ihre Tapferkeitsmedaille erhalten. Das Flugzeug – ein Zweisitzer. »Der Kopilot blieb zu Hause, ich bin in seinen Kombianzug geschlüpft.« Hanna misst 1,55 Meter. Der Kopilot hatte ein Gardemaß von über 1,80. Hannas Platz im Doppeldecker wird zu ihrem »Schutz« mit Plastikglas abgedeckt und mit Riemen zugeschnürt. »Ich hätte also gar nicht mehr raus gekonnt, wenn etwas passiert wäre.« An beiden Flügeln sind Lautsprecher angebracht. Geflogen wird nur nachts. Hanna hat in ihrer »Kabine« ein kleines Licht, um die Texte verlesen zu können. »Der Flieger ist auf unserem Territorium so hoch gestiegen, wie er konnte, und dann im Gleitflug über die feindlichen Stellungen, so niedrig wie möglich. Wir zogen enge Kreise, weil die da unten sonst nur den Anfang oder das Ende unserer Aufrufe gehört hätten.« In der Ukraine gibt es sehr schöne mondhelle Nächte. Gar nicht günstig für diese Flüge. Hanna Podymachina ist nicht lange geflogen, ihr Flugzeug wurde mehrfach getroffen. Und eines Tages war es »so kaputt, dass es nicht mehr repariert werden konnte«.

Hanna Bernstein ist mit ihren Eltern und Bruder Michael im Sommer 1934 aus Nazideutschland in die Sowjetunion emigriert. Sie erhalten die sowjetische Staatsbürgerschaft und einen neuen Namen. »Als Papa eines Tages nach Hause kam und sagte: ›Also, wir heißen jetzt Bauer‹, da habe ich ihn gefragt: ›Soll ich aufs Schulheft jetzt Bauer schreiben?‹« Der Vater bejaht. Hanna ist zehn und besucht die Karl-Liebknecht-Schule. Ihre Mitschüler sind Markus Wolf, der spätere Chef der Auslandsaufklärung der DDR, Moritz Mebel, der ein international renommierter Urologe wird, und Stefan Doernberg, Diplomat und Historiker. Mebel und Doernberg werden wie Hanna im Großen Vaterländischen Krieg in der Roten Armee dienen.

Als die Gier der deutschen Welteroberer sich auch auf das große, reiche Land im Osten richtet, sind die Bernsteins alias »Bauer« gleich anderen deutschen

Politemigranten evakuiert worden. Eine Maßnahme, die sich nicht nur aus Misstrauen speist. Ministerien, Institute, Fabriken werden aus Moskau und Leningrad ins Hinterland verlagert. So auch das Außenhandelsministerium, in dem Rudolf Bernstein arbeitet. »Papa durfte aber als erster von uns von Uljanowsk nach Moskau zurück.«

Hannas Vater gehört seit 1925 dem ZK der KPD an. Dessen Domizil war zunächst am Hackeschen Markt in Berlin. »Das war ein ganz schmales Haus, später war da die Volksbildung drin«, weiß Hanna Podymachina. »Wir haben ihn einmal besuchen dürfen, kamen von hinten über eine schmale Treppe in sein Büro.« Ein Bild der Erinnerung aus Kindheitstagen. Es gibt weitere Bilder: »Irgendwann waren wir bei einer Demonstration mit dabei, Mama, mein Bruder und ich. Ich weiß nicht mehr, in welchem Jahr das war. Plötzlich wurde geschossen. Papa kam von vorn zu uns nach hinten gerannt, hat uns in einen nächstliegenden Hauseingang geschoben und ist dann wieder nach vorne geflitzt, an die Spitze der Demonstration. Da wo er hingehörte, wo die Fahnenträger waren.«

Rudolf Bernstein, Sohn eines Handwerkers, hatte in den Weltkrieg ziehen müssen, der später der Erste genannt wird. Er erlebte die Soldatenverbrüderungen an der Ostfront, 1917, im Jahr, als in Russland die Revolution ausbrach. Daraufhin wurde er an die Westfront zwangsversetzt. Als auch Deutschland von der Revolution erfasst wurde, ist er dabei. Im November 1918. Zunächst Mitglied der Unabhängigen Sozialdemokraten wurde er mit der Vereinigung von USPD und KPD 1920 Kommunist.

Er war bei den Nazis gelistet und wurde bereits in der berüchtigten Reichstagsbrandnacht vom 27. zum 28. Februar 1933 verhaftet, im Haus der Bernsteins in der Hasselwerderstraße 15 in Berlin. Er kam ins Gefängnis von Spandau. »Mit Hilfe eines Genossen hat er einen Zettel rausgeschmuggelt. Mama sollte mit uns an einem bestimmten Tag, zu einer bestimmten Uhrzeit an eine bestimmte Seite vom Gefängnis kommen. Er würde uns winken.« Die Drei waren zur vereinbarten Stunde am vereinbarten Ort. »Und da haben wir gerufen. Und da winkte jemand aus einem vergitterten Gefängnisfenster, hoch oben: Papa.« Das »Rendezvous« blieb nicht unbemerkt. Rudolf Bernstein wurde verlegt, ins Innere des Gefängnisses. Dort blieb er nicht lange, er kam ins KZ Sonnenburg bei Küstrin. »Das war das schlimmste KZ, was es gab.« Zu jener Zeit. Als sich die braune Diktatur etablierte und es vor allem gegen politische Gegner des Regimes ging.

»Sonnenburg war eigentlich ein Zuchthaus, von Mauern umschlossen.« Die Verurteilten wurden in einem Personenzug zur Stätte ihres Leidens gefahren, »jeder in einem Coupé mit Bewachung«. Bei ihrer Ankunft in Sonnenburg erwartete sie ein SA-Spalier. »Da wurden sie alle durchgepeitscht, den ganzen Weg vom Bahnhof bis zum KZ. Papa haben sie als Letzten durchgetrieben. Sie haben ihn fast totgeschlagen. Dimitroff in Moskau hat schon die Nachricht gekriegt: ›Sie haben Rudi Bernstein totgeschlagen.‹ Aber in der Sani-Stube waren Genossen, die haben Papa irgendwie wieder zusammengeflickt.« Hanna Podymachina ist diesen Genossen Sanitätern noch heute dankbar.

Was verband Rudolf Bernstein mit dem bulgarischen Kommunisten und späteren Generalsekretär der Komintern? »Papa sollte als Zeuge im Reichstagsbrandprozess gegen Dimitroff aussagen.« Der Schauprozess, der im September 1933 in Leipzig eröffnet worden war, sollte für Göring und Goebbels enttäuschend enden. Sie hatten vor aller Öffentlichkeit »kommunistische Brandstifter« überführen wollen. Zu diesem Zweck war Rudolf Bernstein aus Sonnenburg geholt worden, zu einer Tatortrekonstruktion. »Er musste auf einer Bank Platz nehmen und sollte warten, bis er aufgerufen wird. Ein Polizist bewachte ihn.« Inzwischen war Hannas Mutter informiert, wo sich ihr Mann gerade befand. Couragiert betrat sie das Gebäude und setzte sich auf die Bank neben ihm. »Als der Polizist fragte, was sie da will, sagte Mama: ›Ich bin als Zeuge geladen.‹ Da hat er sie sitzen lassen, und Papa und Mama haben sich munter unterhalten.« Bis Rudolf Bernstein aufgerufen wurde. »Er ging rein und nahm eine stramme Haltung an. Sie fragten ihn, wo er diese stramme Haltung gelernt hat. Papa sagte: ›Das wird einem in Sonnenburg beigebracht.‹ Der ganze Saal lachte.« Zynisches Gelächter.

Aber wie gelangte der in Sonnenburg eingekerkerte Rudolf Bernstein in die Sowjetunion? »Hitler hatte damals solche fixen Ideen gehabt: Familienväter sollten Heiligabend mit ihren Kindern verbringen dürfen. Papa hat das nicht glauben wollen. Alle standen schon mit ihren Köfferchen oder einem Pappkarton unterm Arm am Ausgang. Aber es ging nicht los. Denn der Bernstein fehlte ja noch. Und da haben die Genossen ihn aufgefordert: ›Wenn du jetzt nicht kommst, werden die andern auch nicht rausgelassen. Dann bist du schuld, dass sie zu Weihnachten nicht bei ihren Familien sind!‹« Diese Schuld wollte Rudolf Bernstein nicht auf sich laden. Und so ist auch er Heiligabend 1933 bei den Seinen. »Mama saß mit ihm auf dem Sofa, und wir Kinder hockten vor ihm auf dem Fußboden. Da schepperte es an der Tür. Es war ein Genosse: ›Rudi, du musst weg, bevor die dich wieder holen.‹«

Ein halbes Jahr lebt Rudolf Bernstein im Berliner Untergrund. »Wir Kinder hatten keine Ahnung, wo er ist. Wir gingen ahnungslos zur Schule.« Im Juni 1934 fährt Hannas Vater in einem Nachtzug, getarnt als Handelsvertreter einer Krawattenfabrik, nach Kopenhagen. »Dann haben die Genossen Mama und uns beide Kinder in den Ferienurlaub nach Dänemark geschickt. Wir haben uns drei Tage lang Kopenhagen angeschaut, haben den Zoo besucht und waren auf dem Rathausturm. Und einkaufen waren wir. Wir hatten ja nicht viel mitnehmen können, kaum etwas anzuziehen.«

Dann geht es weiter mit dem Schiff nach Riga. »Ich habe noch in Erinnerung, wie Micha und ich dort auf dem Bahnhof auf unseren Koffern saßen und gewartet haben.« Wartend auf die Weiterfahrt nach Moskau. Schließlich fahren sie in den Belorussischen Bahnhof der sowjetischen Hauptstadt ein.

Rudolf Bernstein leitet die Sprachgruppe im sowjetischen Außenhandelsministerium, berichtet Hanna Podymachina. Außerdem ist er oft im Auftrag der Komintern unterwegs, vor allem in Norwegen, gibt dort eine antifaschistische Zeitung heraus und hilft, die Exil-Partei aufzubauen, »und was weiß ich nicht alles«. In den Jahren des »Großen Terrors« ist er nicht in Moskau. Vier entscheidende Jahre nicht. Wer weiß, vielleicht wäre auch er, der deutsche Kommunist und Jude, in die Stalinschen »Säuberungen« geraten. Hanna Podymachina erinnert sich, dass ihr Vater eines Tages »bestellt« wurde. »Mama dachte, nun kommt auch er nicht mehr zurück. Aber Papa war bloß ein paar Stunden weg.«

Knapp ein Jahr verbringt Hanna mit ihren Eltern in Uljanowsk, jener Stadt, in der 1870 Lenin geboren worden war und die bis 1924, dem Todesjahr des Begründers Sowjetrusslands, Simbirsk geheißen hat. Bruder Michael hat es 1940 nach Wladiwostok gezogen. »Er wollte Seemann werden.« Er nahm ein Studium am Technikum in der fernöstlichsten Stadt Russlands auf. Zur Ausbildung gehört ein dreimonatiges Praktikum auf hoher See. Michael Bernstein alias Bauer fährt auf einem Schiff der sowjetischen Handelsflotte, als Hitlerdeutschland die Sowjetunion überfällt. Kaum an Land, wird er verhaftet. »Auf einmal war er ein feindlicher Deutscher«, empört sich Hanna Podymachina. »Papa hat Dimitroff gebeten, nachzuforschen. Aber es war nicht mehr in Erfahrung zu bringen, als dass er in ein Lager in Mittelasien gebracht worden ist.« Seitdem fehlt jede Spur von Michael Bernstein, der ein Roter Matrose werden wollte. »Keiner weiß, was aus ihm geworden ist. Er war auf einmal nicht mehr in der Familie«, seufzt Hanna Podymachina.

Und trotzdem sagt Hanna »Ja«, als sie im Jahr darauf gefragt wird, ob sie für eine Propagandaabteilung der Roten Armee arbeiten würde. Ihr weiterer Weg führt ans Asowsche und Schwarze Meer, nach Ungarn, Rumänien, Bulgarien und Jugoslawien. »Über dem Balaton ist ein Flugzeug von den unsrigen abgestürzt.« Die Suchaktion nach dem Piloten bleibt erfolglos. »Da haben wir Trauer gefeiert«, sagt Hanna Podymachina. War sie später mal wieder am Balaton? »Ja, mit meiner ältesten Enkeltochter Dana. Sie wollte immer nur tanzen.« Sind ihr dort Bilder des Krieges erschienen? »Die Erinnerungen kamen. Fatal war, dass in unserem Hotel auch Westdeutsche wohnten.« Wieso fatal? »Ich weiß es nicht, es war mir irgendwie unangenehm. Was weiß ich, was die im Krieg gemacht haben?!«

In Ungarn geht es heiß her. Ein dramatischer Kriegsschauplatz. Die Schlacht um Budapest tobt vom 25. Dezember 1944 bis zum 13. Februar 1945. In der ungarischen Hauptstadt sind 33 000 deutsche und 37 000 ungarische Soldaten unter dem Befehl des SS-Obergruppenführers Karl Pfeffer-Wildenbruch und des ungarischen Generals Ivan Hindy von der 3. und 4. Ukrainischen Front eingekesselt. Die Belagerer zählen 156 000 Soldaten. Hannas Einheit hat auf einem der Budaer Berge Stellung bezogen. »Da haben wir zwei Parlamentäre, einen Politoffizier und einen Dolmetscher, rübergeschickt zu der Festung, in der sich Deutsche verschanzt hatten. Sie sollten die Besatzung überzeugen, sich nicht sinnlos zu opfern. Und da werden die beiden erschossen! Von einem der Unsrigen. So ein Idiot!«, erregt sich Hanna Podymachina. Um sodann das harte Urteil abzumildern: »Er war nicht informiert, er hat unsere Parlamentäre als Flüchtende angesehen.« Über solche Vorfälle wurde damals und noch lange nach dem Krieg nicht gesprochen. »Das war Tabu, indiskutabel.«

Zuvor, im September 1944, ist Hanna mit der Roten Armee in Sofia einmarschiert. Die bulgarische Hauptstadt war stark zerstört. Das Bombardement der westlichen Alliierten sollte das profaschistische Regime in die Knie zwingen. In Sofia wurden die Sowjetsoldaten als Befreier empfangen, anders als in anderen europäischen Metropolen.

Auch bei der Befreiung von Wien am 13. April 1945 ist Hanna dabei. Dort endlich wird sie auch von ihrer Malaria befreit, die sie sich in den bessarabischen Sümpfen zugezogen hat und den ganzen verdammten Krieg nicht losgeworden ist. »In Sofia hatten sie mich mit Chinin behandelt, da war ich gelb und total taub.« Das Gift vertrieb die Malaria nicht. »Papa hat in Wien einen Arzt ausfindig gemacht, der mich erfolgreich heilte.«

In der österreichischen Hauptstadt trafen sich Vater und Tochter nach Jahren der Trennung wieder. Beide in Rotarmisten-Uniform, er im Rang eines Hauptmanns, sie mit dem Dienstgrad eines Oberleutnants. »Papa hatte an der Brjansker Front gekämpft. Er wollte mich immer zu sich holen. Doch meine Vorgesetzten haben gesagt: ›Warum soll die Tochter zum Vater gehen? Der Vater kann doch auch zur Tochter kommen. Wir brauchen Ganna, wir geben Ganna nicht her.‹«

War sie, die gebürtige Berlinerin, nicht enttäuscht, dass sie bei der Befreiung Berlins nicht dabei war? »Nein. Ich hatte meine 3. Ukrainische Front, der bin ich treu geblieben.«

Nach dem Krieg will Hanna ihr Studium wieder aufnehmen, am Institut für Fremdsprachen in Moskau. »Mama war noch in Moskau. Ich habe sie angerufen. Wir haben uns in einer Metro-Station getroffen. Ich hatte ein Radio für sie gekauft. So ein Gerät war damals Gold wert. Unser Apparat ist im Krieg beschlagnahmt worden. Ich hatte ein ganz neues, 45er Jahrgang, erstanden.« Eine Woche Gemeinsamkeit ist Hanna mit ihrer Mutter vergönnt. Dann wird ihr beschieden: »Du

Hanna Podymachina und ihr Vater Rudolf Bernstein 1945 in Wien

kannst jetzt nicht studieren. Du wirst noch gebraucht, bei Tulpanow in Berlin.« Hanna fügt sich. »Und da sind wir zu viert von Moskau nach Berlin gereist, über Brest.« Wer waren die anderen drei? »Einer war Moritz Mebel«, Hannas ehemaliger Mitschüler in Moskau. An die Namen der anderen beiden kann sich Hanna Podymachina nicht mehr erinnern. Es ist seitdem ja auch wahrlich viel Zeit ins Land gegangen.

Hanna arbeitet im Sekretariat des Chefs der Sowjetischen Militäradministration in Deutschland. »Da musste ich die Ablage machen. Ich bin nicht begriffsstutzig, und ich kann auch mit Nadel und Faden umgehen. Aber das war doch eine sehr eigenartige Methode der Ablage, die ich da lernte: Papierseiten zusammennähen. Naja.« Später ist Hanna in der Presseabteilung der SMAD tätig. Es liegt wohl in der Familie. Ihr Vater war in Moskau auch Redakteur in der »Deutschen Zentralzeitung« gewesen. Und im befreiten Österreich hat er die »Österreichische Volksstimme« mit ins Leben gerufen.

Hanna ist erfüllt von ihren neuen Aufgaben, begeistert und tatkräftig wirkt sie mit am Aufbau eines neuen Deutschland. Sehr wohl spürt sie aber auch in jenen ersten Friedensmonaten in Berlin die scheelen Blicke vieler Deutscher: ein deutsches Mädchen in Rotarmistenrock! »Einmal bin ich in der U-Bahn aufgestanden, als ein Einbeiniger eingestiegen ist. Ich habe ihm meinen Platz angeboten.

Hanna Podymachina

Da hat einer der Mitfahrenden gesagt: ›Erst hast du ihn kaputt geschossen und jetzt glaubst du, das so wieder gutzumachen?!‹« Der Kriegsinvalide ist verwirrt, nimmt nicht Platz. Hanna insistiert: »Setzen Sie sich bitte hin. Hören sie doch nicht auf den.« Und tatsächlich, der Invalide folgt ihrer Aufforderung, setzt sich. Hanna ist zufrieden. Wieder hat sie einen kleinen Sieg errungen. In schwieriger Nachkriegszeit.

Es fällt ihr anfangs nicht leicht, wieder unter Deutschen zu leben. Schon in Österreich hat sie erfahren müssen, als deutsche Rotarmistin nicht wohl gelitten zu sein. In Wien ist Hanna als »Flintenweib« beschimpft worden. »Dabei hatte ich nie eine Waffe, weder ein Gewehr noch eine Pistole, den ganzen Krieg über nicht.« Doch solche verbalen Angriffe scheren Hanna nicht. Denn das jüdische Mädchen aus Berlin weiß, wofür es gekämpft hat.

Hanna Podymachina, geboren am 26. Februar 1924 in Berlin, emigrierte mit ihren Eltern 1934 in die Sowjetunion und trat 1942 in die Rote Armee ein. Sie war in der Schlacht um Stalingrad dabei, kämpfte in der Ukraine, Moldavien, Rumänien, Bulgarien, Jugoslawien, Ungarn und Österreich. Im Sommer 1945 nach Berlin zurückgekehrt, arbeitete sie in der SMAD, lebte dann einige Jahre mit ihrem Mann in Moskau und kehrte 1962 in die DDR zurück, war Redakteurin für Auslandsjournale und Mitarbeiterin am Institut für Marxismus-Leninismus beim ZK der SED.

Eine unerfüllte Hoffnung

Markus Wolf über den Tag des Sieges und das Nürnberger Tribunal

Er war ein Streiter an der Geheimen Front. Über zwei Jahrzehnte galt er im Westen als der »Mann ohne Gesicht« – Markus Wolf, Chef der Hauptverwaltung Aufklärung, des Auslandsnachrichtendienstes der DDR. Der Sohn des Arztes und Schriftstellers Friedrich Wolf war 1933 mit seiner Familie in die Sowjetunion emigriert. Während des Zweiten Weltkrieges arbeitete er an der »Propaganda-front«, als Sprecher und Kommentator beim Deutschen Volkssender in Moskau. 22-jährig berichtete er als Korrespondent des Berliner Rundfunks vom Tribunal der Alliierten gegen die NS-Hauptkriegsverbrecher in Nürnberg.

Wie haben Sie das Kriegsende erlebt?

Gemeinsam mit meinen Eltern in Moskau. Wir standen auf der Kameny-Brücke vor dem Kreml, inmitten einer riesigen Menschenmenge. 24 Salutschüsse ver-kündeten den Sieg.

Ihr Bruder Konrad war nicht dabei, denn...

...er war bereits in Deutschland. Er hat als Leutnant der Roten Armee den langen Weg vom Kaukasus bis in die Reichshauptstadt Berlin zurückgelegt.

Bald kehrten auch Sie in die Heimat zurück.

Zwei Wochen später landete ich auf dem Flughafen Tempelhof. Wir begegneten befreiten französischen und ukrainischen Zwangsarbeitern, die singend sich in Richtung Heimat bewegten. Und wir trafen viele aus Gefängnissen und Konzen-trationslagern befreite deutsche Antifaschisten, einfache Frauen und Männer, die sich in düsterer Zeit eine saubere Gesinnung und Anstand bewahrt hatten.

Und welchen Eindruck hatten sie von der Bevölkerung?

Die meisten Deutschen, die wir trafen, waren nur mit sich beschäftigt. Kein Blick, kein Lächeln. Von Verbrechen, Schuld oder Mitschuld wollte kaum jemand etwas hören.

Sie sind aus Deutschland als zehnjähriger Junge weg und als 20-Jähriger zurückgekehrt.
Da musste Ihnen alles fremd vorkommen.

Wir sind bereits 1933 emigriert. Zuerst mein Vater, unmittelbar nach dem Reichstagsbrand. Als Kommunisten und Juden waren wir nicht gelitten. Mein Vater war mit seinem Stück »Zyankali«, in dem er das Abtreibungsverbot als inhuman anprangerte, in der Weimarer Republik als Schriftsteller und Dramaturg bekannt geworden. Die Nazis, die ja die deutsche Mutter an Heim und Herd und zu einer Gebärmaschine verbannen wollten, war er allein schon aus diesem Grund verhasst. Sein Name stand auf der Schwarzen Liste der Nazis, seine Werke galten als »schädliches Schrifttum«.

Kurz nachdem unser Vater geflohen ist, mussten wir eine Hausdurchsuchung erleiden. Die Genossen beschlossen, wir müssten ebenfalls sofort emigrieren. Sie schmuggelten uns, meine Mutter, Koni und mich, über die Schweizer Grenze nach Frankreich. Da wir dort keine Aufenthaltsgenehmigung erhielten, ging es weiter, in die Sowjetunion. In Moskau hatten wir eine kleine Zweizimmerwohnung in der Nähe des Arbat, einem großen und beliebten Boulevard.

Ihr Vater verließ Sie aber bald wieder.

Als die Schauprozesse in der Sowjetunion begangen, fürchtete auch er um sein Leben. Viele Freunde und Bekannte verschwanden plötzlich. Als der Spanienkrieg ausbrach, hat Vater die Chance genutzt und erklärt, er wolle als Arzt den Interbrigadisten beistehen. Kaum war er in Frankreich angelangt, hatte die Volksfrontregierung von Paris die Grenzen geschlossen. Mit Ausbruch des Zweiten Weltkrieges wurde er in Südfrankreich, im Lager Le Vernet, interniert. Meiner Mutter gelang es schließlich, nach einigen aufreibenden Behördengängen, einen sowjetischen Pass für ihn zu erkämpfen. So konnte er im März 1941 wieder bei uns, in Moskau, sein. Wer weiß, was ihm geschehen wäre, wenn es meiner Mutter nicht gelungen wäre, den Pass zu besorgen. Wie vielen deutschen Juden und Kommunisten ist das französische Exil zu einer tödlichen Falle geworden!

Wie haben Sie den 22. Juni 1941, den Tag des Überfalls Hitlerdeutschland auf die Sowjetunion erlebt?

Ich war Student an der Moskauer Hochschule für Flugzeugbau. Alle waren sehr aufgeregt und aufgebracht, viele Jungen haben sich sofort zur Roten Armee gemeldet. Unsere Hochschule wurde evakuiert, nach Alma Ata, Hauptstadt von Kasachstan.

Aber es war keine Zeit, um ungestört weiter zu studieren.

Nein. Ich erhielt ein Telegramm vom EKKI, dem Exekutivkomitee der Komintern, mit der Aufforderung, mein Studium abzubrechen.

Waren Sie darüber enttäuscht?

Im Gegenteil. Ich hoffte, nun auch gegen die Faschisten kämpfen zu können. Ich wusste aber nicht, wo und wie, hatte keine Ahnung, was mich erwartete oder was man von mir erwartete. Gemäß der Anweisung in dem Telegramm fuhr ich nach Ufa in Baschkirien und von dort weiter mit einem Schiff nach Kuschnarenkowo. Dort befand sich die Kominternschule. Ich erhielt einen Decknamen, »Kurt Förster«, und wurde im Umgang mit Maschinengewehren, Handgranaten und Sprengstoff ausgebildet.

Für einen Einsatz an oder hinter der Front?

Weder noch. Dies nun zu meiner Enttäuschung. Einige meiner Freunde und Mitschüler sind mit dem Fallschirm hinter den feindlichen Linien abgesetzt worden – allerdings auch leider schnell in die Hände der Gestapo gefallen und hingerichtet worden. Dieses Risiko wollte die KPD-Führung nicht mehr eingehen. Deutsche Antifaschisten sollten nur noch in den Reihen der Sowjetarmee oder bei den Partisanen zum Einsatz kommen. Oder bei der antifaschistischen Propaganda. So wurde ich Sprecher und Kommentator beim Deutschen Volkssender, dem Sender der KPD in Moskau.

Koni, gerade erst 17-jährig, wurde Rotarmist. Auf seinem Weg nach Berlin kam er an den deutschen Konzentrations- und Vernichtungslagern Majdanek und Sachsenhausen vorbei. Was er dort sah und hörte, hat ihn zutiefst erschüttert. 19jährig, am 22. April 1945, noch vor der militärischen Kapitulation Deutschlands, ist er dann zum Stadtkommandanten von Bernau ernannt worden.

Was er in seinem großartigen Film »Ich war Neunzehn« verarbeitet hat.

Es war nicht einfach für ihn. Nicht nur, weil er noch so jung war. Deutsche, die auf der anderen Seite gekämpft hatten, galten als Landesverräter.

Sie dürften einer der wenigen noch lebenden Augen- und Ohrenzeugen des Nürnberger Prozesses gegen die faschistischen Hauptkriegsverbrecher sein. Was haben Sie empfunden, als Sie, blutjung, dorthin delegiert wurden?

Markus Wolf

Ich fuhr im November '45 als Sonderberichterstatter des Berliner Rundfunks zur offiziellen Eröffnung des Internationalen Militärtribunals nach Nürnberg. Die große Herausforderung ging ich ebenso selbstverständlich an wie unsere kleine Gruppe von Antifaschisten, die das große Funkhaus in der Masurenallee übernommen hatte, um von dort aus die demokratische Erneuerung und Entnazifizierung zu unterstützen. Meine Gefühle beim Betreten des Nürnberger Justizpalastes waren durch meinen Lebensweg bestimmt.

Zum einen: Ich hatte mit meinen Eltern und meinem Bruder Deutschland, meine Heimat, verlassen müssen. Als Jungpionier hatte ich noch antifaschistische Parolen an Häuserwänden gepinselt. Und den Aufruf: Wählt Liste 3! Bei den Reichstagswahlen 1932 hatte die NSDAP zwar stark an Stimmen verloren. Aber es reichte nicht. Und schließlich haben ganz andere entschieden: Die Großagrarier und das Großkapital haben Hitler an die Macht gebracht. Das ist heute wieder zu sehr aus dem öffentlichen Gedächtnis gedrängt worden. Doch über die zweifellose Mitschuld der Mehrheit der Deutschen an der faschistischen Diktatur und deren Verbrechen, darf die Allianz der Mächtigen in Deutschland damals nicht vergessen werden.

Zum anderen habe ich natürlich im sowjetischen Exil eine starke emotionale Bindung zu Land und Leuten entwickelt. Wir haben hier, wie tausende andere Antifaschisten, Zuflucht und eine neue Heimat gefunden. Das große Leid, das Deutschland mit dem wortbrüchigen Überfall über die Völker der Sowjetunion gebracht hat, konnte mich nicht unberührt lassen. Ich habe mit den durch Hitlers Krieg so schwer geprüften Menschen, mit unseren russischen Freunden und Antifaschisten aus vielen Ländern für dieses Ende gekämpft, die Zeit herbeigesehnt, da die Nazis für ihre Verbrechen bezahlen, sich ihrer Verantwortung stellen müssen und ihrer gerechten Strafe zugeführt werden.

Und nun standen Ihnen in Nürnberg die Hauptkriegsverbrecher gegenüber. Welchen Eindruck haben diese auf Sie gemacht?

Ich saß ihnen unmittelbar gegenüber. Wie oft hatten wir uns in Gedanken für sie ein besonders schlimmes Ende ausgemalt. Und da saßen sie nun auf der Anklagebank, in sich zusammengesunken, manche wie abwesend. Was war von ihrem selbstherrlichen Größenwahn, was vom protzigen Pomp eines Hermann Göring geblieben? Es war fast enttäuschend zu sehen, welch unscheinbare Figuren von der »Herrlichkeit« des »Tausendjährigen Reiches« übriggeblieben waren. Der erste Eindruck biederer Erbärmlichkeit und abstoßender Weinerlichkeit verstärkte sich im Verlauf der Verhandlungen immer mehr. Auch für Göring war Hitler der einzige Verantwortliche für alle Verbrechen, für Okkupationsterror und Massenmord, für Millionen Kriegstote und Bombenopfer.

Wie anders sind die Frauen und Männer des Widerstands vor die Nazi-Richter getreten! Erhobenen Hauptes, wissend um die Gerechtigkeit der Sache, für die sie ihr Leben gaben.

Was war für Sie das erschütternste Erlebnis im Saal 600?

Zu Beginn des Prozesses beeindruckte mich besonders die Systematik des Aufbaus der Anklage, der Beweisführung. Für mich war es wichtig, aus der Fülle des ausgebreiteten Materials jene Fakten auszuwählen, die belegten, dass es an den Machtverhältnissen innerhalb der Gesellschaft liegt, wenn ein solcher Abschaum an die Spitze eines Staates gelangen kann. Bei aller nüchterner Sachlichkeit der Atmosphäre im Gerichtssaal gab es aber auch immer wieder erschütternde Erlebnisse, die auch den zunehmend routinierten Reporter aufwühlten. Und das waren vor allem die Aussagen Überlebender der Konzentrations- und Vernichtungslager.

Zum Beispiel?

Am 28. Januar 1946 trat die mir persönlich bekannte Französin Claude Vaillant-Couturier in den Zeugenstand und berichtete über das Schicksal von 230 französischen Frauen in Auschwitz. Auf ganz andere Weise erschütterte mich die Aussage des ersten Kommandanten von Auschwitz, des Massenmörders Höß. Unbeeindruckt von der Ungeheuerlichkeit seiner Darstellung schilderte er mit der Akkuratesse des preußischen Beamten die Kapazität der Gaskammern und Krematorien des Todeslagers. Umso empörender war die Reaktion mancher Angeklagter, als die Filmdokumente von Massenexekutionen oder aus den KZ vorgeführt wurden. Im verdunkelten Saal waren die Gesichter der Angeklagten beleuchtet. Als ich den abgewandten Göring sah, hatte ich das dringende Bedürfnis, aufzuspringen und seinen Kopf mit Gewalt der Leinwand hin zuwenden.

Sie taten es nicht.

Nein. Aber es hat mich große Anstrengung gekostet, sitzen zu bleiben, mich zu beherrschen. Dabei bin ich eigentlich eher ein ruhiger Typ, wie man heute sagt.

Sie wussten als Kind des sowjetischen Exils um die Opfer Stalinschen Terrors. Kamen Ihnen vergleichende Gedanken, als sie den Nürnberger Prozess verfolgten?

Nein, solche Gedanken kamen mir während des Prozesses nicht. Die Ahnungen und die Zweifel über die Repressalien in der Sowjetunion vor dem Krieg waren durch diesen furchtbaren, mörderischsten Krieg aller Zeiten und die immensen deutschen Verbrechen verdrängt. Die Völker der Sowjetunion, ihre Armeen hatten unter der Führung Stalins den Weg nach Berlin und schließlich auch nach Nürnberg freigekämpft. So haben wir damals gedacht. Heute wissen wir, wie fehlbar Stalin war. Und dass er auch nicht der große Feldherr gewesen ist, als der er uns damals erschien. Oder besser: Als der er damals dargestellt wurde. Mit dem heutigen Wissen muss man wohl vielleicht doch eher sagen: Den Sieg im Großen Vaterländischen Sieg haben die Völker der Sowjetunion trotz Stalin errungen.

Was waren Ihre Erfahrungen als Berichterstatter mit den Deutschen? Wie haben diese den Prozess wahrgenommen, wie auf Ihre Berichte reagiert?

Es war meine journalistische Aufgabe, meinen deutschen Landsleuten überhaupt erst einmal die Augen zu öffnen über die Ursachen des unheilvollen Weges, der zu dem katastrophalen Zusammenbruch geführt hatte. Ein großer Teil meiner Hörer wollte von Verbrechen und Schuld nichts wissen. Nichts gewusst, nichts geahnt, nichts gesehen und nichts gehört zu haben – diese Schutzbehauptung war wie bei

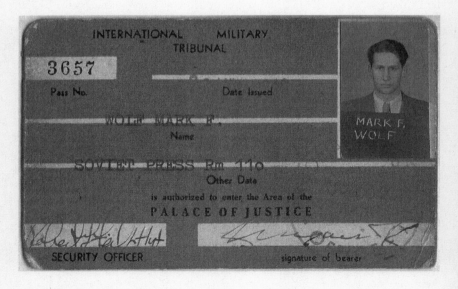

Markus Wolfs Presseausweis für den Nürnberger Kriegsverbrecherprozess

den Angeklagten in Nürnberg allgegenwärtig in Deutschland. Umso wichtiger war die Qualität unserer Berichte.

Wir freuten uns, als dann allmählich die Reaktionen auf unsere Berichte zunahmen. Zunächst haben wir nur finsteres Schweigen geerntet. Aber dann, insbesondere natürlich nach der ganztägigen Übertragung der Urteilsverkündung am 30. September und 1. Oktober 1946 durch alle deutschsprachigen Sender, gab es zustimmende, aber natürlich auch viele ablehnende Zuschriften und Anrufe beim Sender.

Welchen Stellenwert nimmt das Nürnberger Tribunal in Ihrem nicht gerade ereignisarmen Leben ein?

Einen sehr großen. Es war für mich allein schon eine Ehre, diesem historisch einzigartigen Prozess beiwohnen zu dürfen. Und es war ein besonderes Gefühl des Stolzes, als Reporter aus der damaligen sowjetischen Besatzungszone alternierend mit Vertretern der anderen Zonen in der Übertragung der Urteilsverkündung berichten und den Abschlusskommentar sprechen zu dürfen.

In Nürnberg waren Männer zum Tode verurteilt worden, die einen Angriffskrieg geplant und geführt hatten. Heute sind Angriffskriege wieder ungestraft zu entfesseln. Ist der »juristische Wolkenkratzer«, wie Alfred Döblin den Prozess nannte, der das moderne Völkerrecht begründete, schließlich auch Opfer eines Terroranschlags geworden?

In meinem Schlusskommentar hatte ich die Hoffnung ausgesprochen, die Lehren des Prozesses würden dazu führen, Aggressionen, Kriegsverbrechen und Verbrechen gegen die Menschlichkeit in Zukunft nicht mehr zuzulassen. Diese Hoffnung hat sich in der Tat nicht erfüllt. Jeder der in jüngster Zeit geplanten und geführten Kriege verletzt das in Nürnberg zum Gesetz erhobene Recht. Planung und Vorbereitung einer Aggression, Provokationen, Kriegspropaganda, Täuschung der öffentlichen Meinung, alle Verletzungen der Menschenrechte stehen im Widerspruch zu Buchstaben und Geist des in Nürnberg begründeten Völkerrechts.

Sie meinen den Krieg gegen Afghanistan und gegen Irak...

...und auch den vorherigen Krieg zur Zerschlagung Jugoslawiens. Wenn man die in Nürnberg so ausführlich behandelten Szenarien der Vorbereitung und Durchführung der Angriffe auf die Souveränität anderer Staaten, ihre territoriale Integrität und Unverletzlichkeit der Grenzen mit eben jenen Militäraktionen der jüngsten Zeit vergleicht, stellt man frappierende Ähnlichkeiten fest. Die Begleitmusik zur Hochrüstung, nachdem der Terrorismus die vermeintliche Bedrohung aus dem Osten ersetzt hat, erinnert oft peinlich an die Kriegspropaganda des »Dritten Reichs«. Und auch heute sind wirtschaftliche Interessen kriegstreibend. Der Freispruch Hjalmar Schachts, eines Steigbügelhalters Hitlers, stand im Widerspruch zur Beweisführung des Prozesses; wie auch später die Behandlung der anderen Größen des deutschen Monopolkapitals, die im Besitz ihrer vollen wirtschaftlichen Macht blieben. Auf diesen Widerspruch wies ich in meinen Kommentaren hin. So gesehen bleibt die klare Beweisführung in Nürnberg über die Hintermänner, die an Kriegsvorbereitung und Rüstung interessierten Vertreter des militärindustriellen Komplexes, hochaktuell.

Markus Wolf, geboren am 19. Januar 1923 in Hechingen als Sohn des jüdischen Kommunisten, Dramatikers und Arztes Friedrich Wolf, besuchte im sowjetischen Exil die Karl-Liebknecht-Schule und die Fridtjof-Nansen-Schule in Moskau. 1940 bis 1942 studierte er an der Hochschule für Flugzeugbau, musste durch den Krieg sein Studium abbrechen und wurde an die Kominternschule in Kuschnarenkowo (Baschkirien) beordert. 1942 Mitglied der KPD geworden, arbeitete er 1943 bis 1945 als Redakteur und Kommentator beim Deutschen Volkssender in der sowjetischen Hauptstadt. Im Mai 1945 kehrte er mit der »Gruppe Ulbricht« nach Berlin zurück und wurde Mitarbeiter des Berliner Rundfunks. 1952 trat er in den Außenpolitischen Nachrichtendienst der DDR ein, dessen Leitung er im Dezember des Jahres übernahm. Von 1956 bis 1987 leitete er die Hauptverwaltung Aufklärung (HVA) im Ministerium für Staatssicherheit der DDR (MfS). Sein im März 1989 erschienenes Buch »Troika« sorgte für Aufsehen und beförderte nicht unmaßgeblich die Reformerbewegung innerhalb der SED. Nach der Vereinigung bemühte sich Wolf trotz strafrechtlicher Verfolgung durch die bundesdeutsche Justiz um eine selbstkritische Aufarbeitung der Geschichte der Staatssicherheit der DDR. 1997 erschien seine Autobiografie »Spionagechef im geheimen Krieg« und 2002 sein Buch »Freunde sterben nicht«. Er starb am 9. November 2006 in Berlin.

Danksagung

Die hier abgedruckten Gespräche sind vornehmlich in den Jahren 2005 bis 2010 geführt worden, die Interviews mit Reinhold Lochmann und Walter Sack bereits im Jahr 2000. Ich danke allen, die ihr Leben und Streben in finsterster Zeit so offenherzig vor mir ausgebreitet haben. Es war für mich eine große Erfahrung, einzutauchen in ihre Geschichten, die von Zivilcourage, Anstand, Würde und Menschlichkeit in Jahren faschistischer Barbarei zeugen. Die hier zu Worte kamen, gehören zu den anderen Deutschen.

Es gab eben nicht nur die Opfer und die Täter. Es gab auch Kämpfer – Deutsche, die sich der faschistischen Diktatur in ihrem Heimatland widersetzten und widerstanden, ob als Illegale im »Reich«, als Häftlinge in den Zuchthäusern und Konzentrationslagern oder als antifaschistische Aktivisten in der Emigration respektive als Angehörige der Streitkräfte der Anti-Hitler-Koalition. Sie sind im öffentlichen Bewusstsein und Gedenken heute kaum präsent. Es leben von ihnen nur noch wenige. Umso wichtiger ist es, ihre Zeugenschaft zu vernehmen. Damit nicht vergessen wird, was nicht vergessen werden darf.

Karlen Vesper-Gräske, geboren 1959 in Jakarta, studierte Geschichte an der Humboldt-Universität zu Berlin und arbeitet als Redakteurin der Tageszeitung »Neues Deutschland«.

Bildnachweise: Burkhard Lange (Lochmann, Sack, Goldstein, Teppich, Schauer, Hälker, Knapp, Wolf), Ulli Winkler (Melis), Wolfgang Frotscher (Teppich), Camay Sungu (Podymachina), Karlen Vesper-Gräske (Stenzel, Rebling), privat (10 Fotos).

Bibliothek des ▶ Widerstandes

Hilde Wagner

Der Kapo der Kretiner

PAHL-RUGENSTEIN

Hilde Wagner

Der Kapo der Kretiner

210 S., 4 Abb., Br.,
978-3-89144-407-8 **18,90**

Verzweiflung, Grauen, Seuchen, Mißhandlung, Tod in tausenderlei Gestalt – das war Dachau, und viele wären vom Wahnsinn gepackt worden, wenn sich nicht Leidensgefährten gefunden hätten, die jeden Verzagenden wieder aufrichteten und ihm neuen Mut gaben. Die Arbeitskolonne am Krematoriumsbau hatte als Kapo einen solchen Mann, der Tausende mit neuer Hoffnung erfüllt hat: Karl Wagner, einen Kommunisten, der schon seit dem Jahr 1933 in verschiedenen KZ-Lagern saß. Er war gleichzeitig Lagerkapo, und er setzte sich, ohne an sein Leben zu denken, immer für die Häftlinge ein. Die Himmlerschergen standen fassungslos vor der Unbestechlichkeit und dem Gerechtigkeitssinn dieses Arbeiters. Man drängte Karl Wagner, er möchte den Bau des Krematoriums so rasch wie möglich vorantreiben. Er nickte bedachtsam mit dem Kopf und sagte: »Wenn ich genügend Material bekomme.« Und zu den politischen Gefangenen unter der Arbeitskolonne meinte er: »Die Gaskammer, durch die wir vielleicht alle noch marschieren sollen, darf nicht fertig werden, Genossen. Langsam arbeiten? Nein, Sabotage, wo ihr nur könnt. Zement kann hart werden, Kalk kann feucht gelagert, Sand verschmutzt sein, Schalbretter können zerbrechen, Handwerkszeug kann verschwinden.«

Diese von der internationalen Widerstandsorganisation im Lager beschlossene Sabotage trug dazu bei, dass das Krematorium nie in Betrieb genommen wurde. Als Lagerältester im Dachauer Außenlager Allach organisierte er die Sabotage der BMW-Rüstungsproduktion und machte vielen Mut mit einer spektakulären Verweigerung des SS-Befehls, einen Mithäftling zu schlagen. Im Juli 1944 auf Vernichtungstransport geschickt, überlebte er dank der Solidarität der Buchenwalder Widerstandsorganisation und setzte den Kampf für eine »neue Welt des Friedens und der Freiheit« (Schwur von Buchenwald) fort.

HenkVerheyen

Bis ans Ende
der Erinnerung

Als belgischer »Nacht & Nebel-Gefangener« durch die Emslandlager ins KZ Flossenbürg

205 S., 37 Abb., Gb.
978-3-89144-421-4 **16,90**

Hendrik Josef M. Verheyen, geboren 1925 in Berchem-Antwerpen, als Schüler Mitglied einer Widerstandsgruppe, am 27. Juni 1943 zusammen mit 23 Gleichaltrigen verhaftet. Von diesen »Nacht&Nebel«-Gefangenen überlebten nur acht ihren Weg durch deutsche Gefängnisse und KZ.

Henk Verheyen kam nach Verhören und Folterungen im Gestapo-Gefängnis in Antwerpen über Essen in das KZ Esterwegen VII, dann in ein Außenlager des KZ Groß-Rosen (Schlesien), von dort Anfang April ins KZ Flossenbürg, wo er am 20. April auf den Todesmarsch getrieben wurde. Am 23. April bei Cham in Ostbayern von der US-Army befreit, kehrte er nach Antwerpen zurück, Studium und Kabinettschef des Hafensenators von Antwerpen.

Schon als er einen ersten Zeitungsartikel über seine Erlebnisse in deutschen Gefängnissen und KZ verfasst, ringt er mit seiner ERINNERUNG: Was geschah ihm? Was weiß er davon? Was gibt ihm seine Erinnerung preis? Der Verfasser versucht 1949 mit einer Schilderung als altgermanische »Sage«, 40 Jahre später mit der »Promenade« (1986) und zuletzt mit der Rückkehr ins »Sanatorium« (1994) eines deutschen KZ seine Erinnerung so »wahr« und authentisch wie möglich darzustellen. Der vorliegende Band vereint die Veröffentlichungen von 1949 und 1994 sowie Ausschnitte aus der »Promenade« jeweils mit den Original-Illustrationen von Leo Lewi und Henk Verheyen.

Kurt Finker

Der Dämon kam über uns

**Faschismus und Antifaschismus
im Geschichtsbild und in der
Geschichtsschreibung
Westdeutschlands (1945-1955)**

400 S., Br., 978-3-89144-403-0 **24,90**

»Der Schoß ist fruchtbar noch, aus dem das kroch« (Bert Brecht). Für den Historiker ist »Schoßforschung« (Helmut Ridder) bei der Entstehung des »Dritten Reiches« ebenso unerläßlich wie bei der Entstehung der Bundesrepublik Deutschland im Jahre 1949. Nur so werden »Aspekte struktureller Identität oder Kontinuität von Faschismus und Bundesrepublik« (W.F. Haug) sichtbar.

Kurt Finkers Buch öffnet den Blick in den Abgrund der allgemeinen Verdrängung und Verfälschung über die historische Wahrheit von Faschismus und Antifaschismus in Westdeutschland in den ersten 10 Jahren nach 1945.

So suchte z.B. der ehemalige Gestapochef Rudolf Diels 1950 zu beweisen, »daß nach achtzehn Monaten legalen Regierens im Juni 1934 ein Dämon Hitler überfallen hat. Hitler nahm dann in Gestalt des gefallenen Engels Luzifer das deutsche Volk in seinen Griff. Das aber ist in der Formation, in der es sich Hitler ergab, als Riese, längst tot und von einem neuen besseren deutschen Volk ersetzt. Dieses Volk hat mit dem versunkenen Regime überhaupt nicht zu tun. Hier schließt sich der Kreis von 1950 zu 2005, vom Gestapochef Rudolf Diels zum Bundesverfassungsrichter Udo di Fabio.« (Otto Köhler, Geleitwort)

Kurt Finker, geboren am 27. August 1928. Nach der Promotion 1958 und der Habilitation 1964 erfolgte 1967 die Berufung zum Professor für Deutsche Geschichte der neuesten Zeit an der Pädagogischen Hochschule Potsdam. Neben seiner umfangreichen Lehrtätigkeit widmete er sich in seiner wissenschaftlichen Forschungs- und Publikationsarbeit vor allem Themen aus der Geschichte der Arbeiterbewegung und des antifaschistischen Widerstandskampfes.